Die Gesetzgebung
der letzten sechs Jahre
im Reich und in Preußen.

Dargestellt

von

einem Mitglied des Centralwahlcomités der nationalliberalen Partei.

Berlin.
Druck und Verlag von G. Reimer.
1876.

Einleitung.

Diese Blätter haben den Zweck, über die parlamentarische Arbeit welche am Reich und in Preußen seit dem französischen Krieg gethan ist, eine Uebersicht zu geben. Die Schwierigkeit eines solchen Unternehmens liegt in der Verschiedenartigkeit des Stoffes, welcher zusammenhängend dargestellt werden soll, sowie in der Größe und Bedeutung desselben. Denn die Aufgabe unserer Volksvertretungen war nicht, wie es bei anderen, staatlich längst geeinigten Nationen der Fall ist, einzelne Verbesserungen innerhalb des fertigen Staatswesens ins Leben zu rufen, sondern sie hatten mitzuwirken an dem Aufbau eines so eben in seinen Grundlagen geschaffenen Reichs, und an der innern Verschmelzung eines so eben vergrößerten Staats. Diese Lage bedingte eine Anzahl tiefgreifender Gesetze, eine Umwälzung fast aller Lebensverhältnisse. Nicht die Hast der Parteien rief eine überstürzte „Gesetzmacherei" hervor, sondern die nationale Einheit, die nur im großen Rahmen gewonnen war, bedurfte der Ausfüllung auf den wichtigsten Gebieten. Nicht die Veränderungslust warf die bestehende Verwaltungsordnung oder das bisherige Verhältniß zwischen Staat und Kirche um, sondern die Unmöglichkeit jene beizubehalten, die Nothwendigkeit die weltlichen Hoheitsrechte wieder herzustellen, zwang zu neuen Gesetzen und Organisationen. Die Aufgaben selbst waren nicht künstlich aufgestellt, sondern durch die Entwicklung der Ereignisse gegeben. Jede Volksvertretung, die irgend die Lage verstand und in ihrer Mehrheit national und freisinnig war, mußte sie in die Hand nehmen und auf den eingeschlagenen Wegen zu lösen suchen. Dies gilt von der Richtung im Großen und Ganzen. Im Einzelnen mochte Manches von der Regierung vorgeschlagen oder von der Volksvertretung beschlossen werden, was an der Hand der Erfahrung verbessert werden muß. Denn Niemand ist unfehlbar; auch die richtigsten Ideen können in der Anwendung Uebelstände hervorrufen, die beseitigt werden müssen.

Die Versailler Verträge, welche den Norden Deutschlands mit dem Süden verfassungsmäßig vereinigten, sind noch nicht sechs Jahre alt. Der deutsche Reichstag, der im Februar 1871 zum ersten Mal zusammen trat, hat erst eine Legislaturperiode hinter sich; von der zweiten fehlt noch die letzte Session welche im Herbst d. J. beginnen soll. Wie angespannt auch die Thätigkeit der Reichsfaktoren in diesem Zeitraum gewesen ist, er war doch so kurz, daß nur auf einigen wichtigen Gebieten der Gedanke der nationalen Einheit durchgeführt oder seine Durchführung vorbereitet werden konnte. Ein staatliches oder bundesstaatliches Gemeinwesen unterliegt wie jeder Organismus dem Gesetz des allmählichen Wachsthums. Das neue Gefüge festigt sich erst in Menschenaltern. Die Elemente, welche widerstrebend in die nationale Gemeinschaft hineingezogen sind, gewöhnen sich nur langsam; die fremden Nationen, die durch die neu erstandene Macht verloren haben, verzichten erst spät auf das frühere Uebergewicht. Jede neue politische Schöpfung muß die Kraft ihrer Existenz erst lange Zeit bewähren, ehe dieselbe als etwas Unabänderliches hingenommen wird. So weit sind wir noch nicht. Nicht blos im Ausland hofft man die Früchte des letzten Krieges uns wieder zu entreißen, selbst innerhalb der eigenen Volksvertretung nehmen die Parteien, welche die Dauer und Festigkeit des Reichs bestreiten, ein Drittheil der Plätze ein. Unter diesen Umständen giebt es keine thörichtere Rede, als die, daß die Einheit ja jetzt eine abgemachte Sache sei und die nationalen Gesichtspunkte bei den künftigen Wahlen mehr zurücktreten könnten. Vielmehr gilt noch viele Jahre der Schlachtruf: Hie Welf, hie Waibling! Hier Kaiser und Reich und dort ihre Gegner! Unter denen die auf der Reichsseite stehen, befindet sich keine Partei, welche mehr verlangt als die Fortentwicklung auf der Grundlage der von Allen angenommenen bundesstaatlichen Verfassung. Es giebt keine parlamentarische Fraktion, auch keine liberale, die den Einheitsstaat d. h. den Bruch des Reichsgrundgesetzes und die Revolution auf ihre Fahne geschrieben hätte. Die Selbstständigkeit, welche die Reichsverfassung den Einzelstaaten gewährleistet, wird von Niemand bedroht. Wenn daher die neu sich bildende Partei der „Deutschconservativen" in ihrem Aufruf hervorhebt, daß innerhalb der Einheit die berechtigte Selbstständigkeit und Eigenart der einzelnen Staaten gewahrt werden müsse, so kämpft sie gegen Windmühlen, oder sie will mit diesem Zusatz den mittelstaatlichen Kammerherren die Hand reichen. Diese aber sehen gleich den Clericalen in jedem Fortschritt des Reichs z. B. in der Rechtseinheit oder in dem Reichseisenbahngesetz eine Aufhebung der Hoheit der Einzelstaaten. Wer durch jenen Zusatz mit ihnen liebäugeln will, wird für den Ausbau der Einheit eine sehr unsichere Stütze bieten.

Die Gesetzgebung seit dem Kriege beruhte auf dem Zusammenwirken einer überwiegend conservativen Regierung mit einer Volksvertretung, in welcher der Liberalismus theils starken Einfluß, theils die Mehrheit hatte. Das Ergebniß war eine Fortbewegung in sehr gemäßigt liberalem Sinne. Mit der preußischen Kreis- und Provinzialreform sind selbst die Conservativen heute zufrieden; beide Gesetze sind aber darin liberal, daß sie alle besitzenden Klassen zur Mitthätigkeit an dem öffentlichen Leben heranziehen und die Bevorzugungen der Ritter und Standesherren beseitigen. — Die kirchenpolitischen Gesetze stellen einen Theil der seit Jahrhunderten geltenden, erst 1850 in Preußen preisgegebenen Hoheits- und Aufsichtsrechte des Staates wieder her. Ihr liberaler Gedanke besteht darin, daß auch der Geistliche innerhalb der nationalen Bildung und Rechtsordnung stehen und den Gesetzen seines Landes unterthan sein soll. Auch die schärfsten gesetzgeberischen Maßregeln bezweckten nur diesen Gehorsam und die Wahrung des Ansehens der Staatsgewalt sowie der Gesetze. Keine griff in das Innere des Glaubens ein. Wenn die Deutsch-Conservative Partei den Clericalen, die ihrerseits unerschütterlich auf allen Ansprüchen beharren, ja uns noch dazu mit dem französischen System der geistlichen Schulen und Universitäten beglücken wollen, die „Revision" der Maigesetze anbietet, weil sie keinen Gewissenszwang und deshalb kein Uebergreifen der staatlichen Gesetzgebung auf das Gebiet des innern kirchlichen Lebens wolle, so ist sie den Beweis für diesen schweren Vorwurf gegen die Falk'schen Gesetze schuldig geblieben. — In der Zoll- und Handelspolitik ist das System des Freihandels, oder besser gesagt des gemäßigten Schutzzolles, welches Preußen seit 1818 befolgte, fortgeführt, nur daß die Reichstagsmehrheit in der Tarifreform nicht ganz so rasch vorwärts ging, als die Regierung gehen wollte. In der Behandlung der gewerblichen Verhältnisse sind die Grundsätze festgehalten, welche der Norddeutsche Reichstag nicht erfand, sondern dem Vorbild Preußens, Sachsens und anderer gewerbreichen Staaten entlehnte. Die conservative Forderung der Umkehr unseres Wirthschaftssystems hat nicht mehr Recht, als die der Umkehr unseres politischen Systems. Gegenüber einer Gesetzgebung welche die Innungen stehen ließ, den Marken- und Musterschutz einführte und das Patentgesetz vorbereitete, Zeichnen- und Fortbildungsschulen förderte, zu Gunsten der Arbeiter den

Eisenbahnen, Bergwerken und Fabriken das Haftpflichtgesetz auferlegte, das Hülfskassenwesen ordnete u. s. w., kann nicht von einer Umkehr die Rede sein, sondern nur von Fortsetzung dieser Thätigkeit zur Ausfüllung der Lücken, die sich noch zeigen. Die Reformbedürftigkeit des Actiengesetzes wurde zuerst vor drei Jahren von den Liberalen nachgewiesen. Keine Maßregel des Reichstages oder Landtages hat das „große Geldcapital bevorzugt“, im Gegentheil sind die Privatzettelbanken unschädlich gemacht, die ungedeckten Noten beschränkt und besteuert, die Lasten der ärmsten Klassen erleichtert, die der reichsten erhöht. Selbst die Börsensteuer, oder da die Börsenleute sie am wenigsten bezahlen, besser gesagt die Steuer auf mobile Werthe und den Austausch derselben, ist bisher nur zurückgewiesen, weil sie lediglich als neue Last zu den alten hinzukommen, und ihre Erlegung nicht zur Erleichterung dieser, insbesonders des Immobilstempels dienen sollte. Alle Vorwürfe, welche von conservativer Seite heute gegen die bisherige Gesetzgebung erhoben werden, sind darauf berechnet, die wirthschaftliche Noth, an der wir augenblicklich leiden, zu Zwecken der politischen Reaction auszubeuten. Deshalb wird alles aufgeboten, um das Bewußtsein des Volks über die wirklichen Ursachen der Noth zu verwirren und die Schuld den liberalen Gesetzen aufzubürden. Die einfache, thatsächliche Darstellung dessen was parlamentarisch geschehen ist, wird am besten geeignet sein, der Verwirrung entgegen zu arbeiten. Dem verständigen Manne gilt die Thatsache mehr als die Phrase.

Die Thätigkeit des ersten deutschen Reichstages war durch die Lage bedingt, welche der Krieg geschaffen hatte. Es galt auf der einen Seite die Einheit zwischen Süd und Nord, welche durch die Bundesverträge begründet war, gesetzgeberisch weiterzuführen und das Verhältniß von Elsaß-Lothringen zum Reich rechtlich zu gestalten, auf der andern für die Opfer des Krieges zu sorgen, die Kriegsschäden zu vergüten, die Armee wieder auszurüsten, das deutsche Vertheidigungssystem neu zu gestalten. Wir richten unsern Blick daher zunächst auf die Gesetzgebung, die sich unmittelbar auf die Gestaltung des Verhältnisses von Nord und Süd, auf die Verwendung der Milliarden, auf das Militärwesen und Elsaß-Lothringen bezog.

1.

Gesetzgebung in Folge des Krieges. Die Milliarden.

Ein großer Theil der Gesetze des Norddeutschen Bundes wurde unmittelbar mit dem Inkrafttreten der Verträge in den süddeutschen Staaten eingeführt, die Uebertragung der übrigen war der Reichsgesetzgebung vorbehalten. Die Ausgleichung geschah so rasch, daß in wenigen Jahren der ganze Bestand norddeutschen Reichsrechts auch im Süden galt, soweit die Reservatrechte nicht Ausnahmen bedingten. Die Verfassung selbst, durch die Verträge mit Würtemberg und insbesondere mit Baiern verändert, aber zugleich durch die Wiederherstellung der Kaiserwürde und des edlen Namens des „Reichs" verschönt, bedurfte einer Umgestaltung, die jedoch, da der Inhalt feststand, nur formell sein konnte. Die so revidirte und fast einstimmig angenommene Reichsverfassung vom 16. April 1871 ist seitdem die Grundlage unserer nationalen Entwicklung geworden. Die Befürchtungen welche sich an die Reservatrechte knüpften, haben sich im Ganzen nicht bestätigt. Die Ausscheidung Würtembergs und Baierns aus der Verwaltung des Post- und Telegraphenverkehrs, die selbstständige Militärhoheit Baierns im Frieden, waren sehr viel geringere Schranken der Einheit, als jener engere und weitere Bund, an welchen man in Süddeutschland 1870 dachte. Auch die Bestimmung, wonach jede Erweiterung der Reichscompetenz durch 14 Stimmen im Bundesrath verhindert werden kann, ist bisher von den süddeutschen Königreichen nicht zu unfreundlichen Coalitionen benutzt. In einem Reich, dessen Glieder von der verschiedensten, durch das Verhältniß der Stimmen nicht ausgedrückten Bedeutung sind und wo dem führenden norddeutschen Staate, der für sich allein mehr als die Hälfte der deutschen Bevölkerung umfaßt, im Süden ein Staat mit fünf Millionen Einwohnern gegenübersteht, ist es überhaupt nicht das mechanische Stimmenverhältniß, sondern die vertrauende und bundestreue Gesinnung, wodurch allein ein gedeihlicher Fortschritt gesichert werden kann.

Der Friedensschluß legte Frankreich eine Kriegsentschädigung von 5 Milliarden Franks auf. Die Summe schien ungeheuer, und doch war sie gering gegenüber der Einen Milliarde, welche Napoleon I. von dem armen, bis auf 5 Millionen Einwohner verkleinerten Preußen erpreßte. Eine Reihe von Gesetzen die in den Sessionen nach dem Krieg genehmigt wurden, bezog sich auf die Verwendung dieser Milliarden. Aus ihnen wurden in den ersten Jahren die Pensionen für die Invaliden und die Hinterbliebenen der Gefallenen bezahlt, bis 1873 ein eigener, mit Absicht sehr reich bemessener Fonds diese Ausgaben deckte. Aus ihnen erhielten die aus Frankreich vertriebenen Deutschen Beihülfen, die Rhedereibesitzer Entschädigung für die aufgebrachten oder in fremden Häfen eingeschlossenen Schiffe, die Gemeinden Ersatz für Kriegsschäden und Kriegsleistungen, — und zwar wurden die Gemeinden Elsaß-Lothringens so behandelt, als ob sie schon während des Kriegs zu unsrer Volksgemeinschaft gehört hätten. Die Unterstützungen für die heimkehrenden Reservisten und Landwehrmänner, die Dotationen für Generale und Staatsmänner von hervorragendem Verdienst, ferner ein mäßiger Ersatz für das, was die Kreise und Communen den Familien ihrer unter den Fahnen stehenden Wehrmänner gewährt hatten, wurden aus der Kriegsentschädigung genommen. Dazu kam die Ausrüstung der von Betriebsmitteln entblößten Reichseisenbahnen in Elsaß-Lothringen; der zum Schutz unser Westgrenze nothwendige Umbau der dortigen Festungen, insbesondere von Metz und Straßburg, zu großen Waffenplätzen; sowie die Umwandlung des veralteten deutschen Festungssystems überhaupt, deren Nothwendigkeit die geringe Widerstandskraft der französischen, ebenfalls auf die modernen Geschütze nicht eingerichteten festen Plätze bewiesen hatte. Ferner ging es nicht mehr an, Preußen allein die Last eines in Baar vorräthig liegenden Kriegsschatzes aufzubürden. War es bei dem außerordentlichen Vortheil, den der zuerst fertige Kämpfer vor dem langsameren Gegner voraus hat, nöthig einen Kriegsschatz bereit zu halten, damit die Sorge um die Kosten der ersten Mobilmachung auch nicht die Verzögerung eines Tages verursache, so mußte nunmehr das Reich die Last übernehmen. Dem Reich hatte es bisher auch an Betriebsmitteln gefehlt, es hatte von den Vorschüssen leben müssen, welche ihm die Einzelstaaten auf die Zoll- und Steuereinnahmen gewährten. Reichsheer und Marine hatten keine Fonds. Es war eine Erleichterung für die Einzelstaaten, wenn sie von diesen Vorschußverpflichtungen jetzt durch die Bildung eigener Reichsbetriebsfonds befreit wurden. Endlich war die Ausrüstung der deutschen Heere durch den Krieg verbraucht; sie mußte ergänzt, an die Stelle der mangelhaften Waffen mußten vollkommnere gesetzt werden. Zur Casernirung der Truppen, zu Bauten für gemeinsame militärische Institute waren außerordentliche Mittel nöthig.

Die Gesammtausgabe, welche für diese, hier nur in den kürzesten Zügen angedeuteten Zwecke zu leisten war, ist außerordentlich. Und doch war es für jede Partei, die überhaupt auf nationalem Boden stand, unmöglich, die Nothwendigkeit dieser Ausgaben zu leugnen und sehr schwierig, ihr Maß zu beschränken. Nur einzelne Positionen, die gegenüber der Gesammtsumme gar nicht in's Gewicht fallen, wie z. B. die 4 Mill. Thlr. für die Dotationen konnten bestritten werden. Je nach der Natur der Zwecke, wofür die Gelder bestimmt waren, sind die ausgeworfenen Summen theils verwandt oder noch in der Verwendung begriffen, theils sind sie als dauernde Fonds im Besitz des Reichs. Die Entschädigungen und Beihülfen u. s. w. sind natürlich ausgezahlt, das Retablissement der Armee ist vollendet, die Festungsfonds für Elsaß-Lothringen und für das gesammte Reich werden mit dem Fortschritt der Fortifications- und Ausrüstungsarbeiten aufgezehrt. Alle diese Ausgaben stehen gleich den Ausgaben des jährlichen Staatshaushalts, unter der genauen Controlle der Oberrechnungskammer. Die für ein neues Reichstagsgebäude reservirte Summe harrt noch der Verwendung; der Reichskriegsschatz liegt in den Gewölben von Spandau, die Betriebsfonds für die Reichsverwaltung sind in der Reichskasse. Der Invalidenfonds, nach den Vorschriften des Gesetzes in Papieren angelegt, welche theilweise (die Eisenbahnprioritäten) von dem Kursrückgang der letzten Jahre mitgetroffen wurden, welche aber nach dem Zeugniß der großen Mehrheit des Reichstags und aller verständigen Leute unbedingte Sicherheit des Capitals und der Zinsen gewähren, wird durch die Pensionszahlungen nicht aufgezehrt, sondern verbleibt dem Reich als eine Reserve, über welche zu nationalen Zwecken seiner Zeit verfügt werden kann.

Die Milliarden haben es uns möglich gemacht, die Kriegskosten zu decken, die Kriegsanleihen zurückzuzahlen, für die erwähnten Reichsbedürfnisse zu sorgen, die Armee neu auszurüsten, unser Vertheidigungssystem so einzurichten, daß es nach menschlichem Ermessen schwer sein wird, uns aus der in der Welt errungenen Stellung wieder herauszudrängen. Die Milliarden haben bewirkt, daß wir dies Alles ohne Volksbelastung, ohne neue Steuern und schwere Schulden durchführen konnten, während Frankreich zu der Enschädigung die es an bezahlen mußte, noch nahezu das Doppelte an eigenen Kriegskosten und Kriegsschäden, sowie für die Wiederherstellung seiner Armee zu tragen hatte. Frankreich mit seinem seit Jahrhunderten angesammelten Reichthum, mit den Vorzügen seines Bodens, seines Klima und seiner durchgebildeten gewerblichen Arbeitskraft konnte dies tragen. Wir dagegen würden durch die Last zu Boden gedrückt und blutarm geworden sein, wie wir 1815 blutarm waren. Mehr aber als die Bewahrung vor solchem abermaligen Rückgang haben die Milliarden nicht bewirkt und mehr konnten sie auch gar nicht bewirken. Von der zerstörenden Gewalt des Krieges, von den unendlichen Kosten, den unermeßlichen wirthschaftlichen Opfern auch des siegreichsten Krieges haben die Meisten keine Vorstellung. Daher wird es nützlich sein, über den Verbrauch der Milliarden am Schlusse dieses Abschnittes eine auf Grund der Reichstagsvorlagen angefertigte Rechnung aufzustellen. Es ist ja natürlich, daß vielfach im Volk die Frage aufgeworfen wird: Wo sind die Milliarden geblieben? — um so natürlicher, da es selbst den Mitgliedern der gesetzgebenden Körperschaft, welche über sie mit verfügt hat, gar nicht leicht wird in ihrer Erinnerung die Gesammtheit der Verwendungen festzuhalten, durch welche die unermeßlich scheinende Contribution aufgezehrt oder doch für die Zukunft belegt wurde. Jene Rechnung zeigt, daß nach Abzug der aufgezählten, durch unbedingtes Bedürfniß oder durch überwiegende Gründe gerechtfertigten Reichszwecke, so wie des Retablissements der Armee, für die Staaten des Norddeutschen Bundes ein Antheil von 530,116,053 Thalern von der Kriegscontribution verblieb, daß diesem Antheil aber an Kriegskosten und mit dem Krieg zusammenhängenden militärischen Ausgaben 398,731,423 Thaler gegenüber standen. Zur Vertheilung an die Einzelstaaten des Nordens kamen 133 Millionen. Preußen seinerseits erhielt Alles in Allem kaum 106 Millionen. Und nun rechne man nur den Werth der Arbeitskraft zusammen, welche die vom Juli bis Februar und länger unter den Fahnen versammelten Reservisten, Landwehrmänner und Ersatztruppen bei einer Vermehrung der deutschen Gesammtarmee von einem Friedensstand von 340,000 Mann auf 1,200,000 Mann repräsentiren. Auch bei dem geringsten Anschlag deckt das, was an die Einzelstaaten zur Vertheilung kam, noch lange nicht den baaren Verlust, der durch das Fehlen so vieler arbeitskräftiger Hände erwuchs. Von den Opfern des Kriegs, von den Zehntausenden, welche auf den Schlachtfeldern fielen oder durch Krankheit weggerafft wurden, von den 125,000 Invaliden, von all den mittelbaren Störungen und Schäden der Familien wie der gesammten Erwerbsthätigkeit des Volkes ist hierbei noch vollständig abgesehen. Es war eine Täuschung, wenn man glaubte, die Nation sei durch die Milliarden reicher geworden; dieselben haben nur geholfen, daß sie die große That ihrer Einigung und Befreiung zwar mit dem Opfer ihres edelsten Bluts, aber ohne allzu großes Opfer an Volksvermögen vollziehen konnte. Im Uebrigen kann man bei der Verwendung der Milliarden nur die Frage aufwerfen, ob es zweckmäßig war, so plötzlich die Kriegsanleihen zurückzuzahlen und in den Einzelstaaten so stark mit der Schuldentilgung vorzugehen. Die vielen mittleren und kleinen Capitalisten, welche ihr Geld in Staatspapieren angelegt hatten, verloren durch die Kündigung von einigen Hundert Millionen Thalern diese sichere Anlage, und sind dann leider nur zu häufig auf die Anschaffung unsolider Speculationspapiere verfallen. Nur ist die Kritik der Regierungsmaßregeln heute, wo wir die traurigen Erfahrungen der Gründerperiode hinter uns haben, leichter als sie nach dem Krieg war, und äußerst schwer ist es nachzuweisen, welche positiven Zwecke eigentlich unter allgemeiner Zustimmung mit den französischen Geldern hätten ausgeführt werden können, wenn man die Schuldentilgung unterließ. Obwohl mit dem Eintreten unserer wirthschaftlichen Krisis auch die Kritiker zu Hunderten auftauchten, die an der Finanzpolitik des Reichs und Preußens kein gutes Haar ließen, so haben sie doch selbst nachträglich wenig haltbare Vorschläge zu machen gewußt. Ihre Thätigkeit bestand in Verdächtigungen, die in den berüchtigten, gegen Fürst Bismarck, Delbrück und Camphausen gerichteten, von einem Hauptführer der Agrarier und Deutschconservativen verfaßten Aera-Artikeln der Kreuzzeitung ihren Gipfel erreichten. Nach der Ansicht dieser Artikel waren die Milliarden unter den Händen von Staatsmännern „verduftet", die sich von Berliner Börsenmännern gängeln ließen und die in ihren persönlichen Finanzbeziehungen mit dem Grafen Beust, dem angeblichen Begründer der Schwindelperiode in Oestreich, in eine nicht gerade schmeichelhafte Parallele gestellt wurden. Dieser Klasse von Gegnern diente die Milliardenfrage sowohl, wie die wirthschaftliche Noth des Volks nur zur Ausbeutung für andere Zwecke, und sie trug kein Bedenken, durch Schmähung der obersten, durch die Integrität ihrer Amtsführung über jeden Verdacht schlechthin erhabenen Staatsbeamten die Ehre der eigenen Nation zu verunglimpfen. —

Bei der Vertheilung des Restes der Kriegscontribution zwischen dem Norddeutschen Bund und dem Süden, und weiter zwischen den Einzelstaaten handelte es sich um die Frage, nach welchem Maßstabe sie vorgenommen werden sollte. Einzelne Kriegsleistungen, z. B. die Stellung des Belagerungsgeschützes, waren besonders zu berechnen, aber auch sonst deckte sich die Zahl der gestellten Mannschaften keineswegs mit der Bevölkerungsziffer, da das preußische Reserve- und Landwehrsystem außerhalb der alten Provinzen erst seit 1867 oder noch später zur Geltung gekommen war. In den letzten Monaten des Kriegs hatte Preußen zur Deckung der Lücken seine ältesten Landwehrmänner bis zum 40. Lebensjahr marschiren lassen müssen. Die Bevölkerungsziffer war also keine den Thatsachen entsprechende Grundlage der Vertheilung. Nach langen Verhandlungen verständigte sich der Bundesrath dahin, daß als Maßstab zu $^3/_4$ die militärische Leistung, zu $^1/_4$ die Volkszahl genommen werden sollte, und der Reichstag, der keinen Streit über die Kriegsbeute wollte, stimmte diesem Compromiß zu. Das finanzielle Opfer, welches Preußen dadurch brachte, wurde ausgeglichen durch den politischen Werth einer Vereinbarung, die den deutschen Süden zufrieden stellte.

Die Ordnung dieser durch den Krieg hervorgerufenen Verhältnisse überwog in den Sessionen des ersten Reichstags, aber sie erschöpfte seine Thätigkeit keineswegs. Gleich nach wiederhergestelltem Frieden wurde die Münzfrage in Angriff genommen und begann die Initiative der Reichstagsmehrheit für die Herstellung einer vollständigeren Rechtseinheit als die Verfassung sie dem engen Wortsinn nach verhieß. Von beidem, wie von dem Haftpflichtgesetz, der Beschränkung der Prämienanleihen u. s. w. wird später die Rede sein. Wir erwähnen nur noch, daß die höchst unklaren Eigenthumsverhältnisse, welche in Betreff der an die Reichsverwaltungen insbesondere an die Militärverwaltung übergegangenen Grundstücke, zwischen Reich und Einzelstaaten existirten, durch das Reichseigenthumsgesetz leidlich geordnet wurden, ferner daß das Gesetz über die Rechtsverhältnisse der Reichsbeamten den letzteren einen erheblich größeren Rechtsschutz gewährte, als die Beamten der Einzelstaaten bisher meist genießen. Die Aufbesserung der Beamtengehälter war im Reich wie in den einzelnen Bundesstaaten durch den gesunkenen Geldwerth geboten. Wichtig ist noch, daß gleich in der ersten Legislaturperiode einer der häßlichsten neuen Zusätze der Reichsverfassung beseitigt wurde. Der Artikel 28 derselben schrieb im zweiten Absatz vor, daß bei Angelegenheiten, welche nicht dem ganzen Bunde gemeinschaftlich seien, nur die Stimmen derjenigen Mitglieder gezählt werden sollten, deren heimischer Staat an der Angelegenheit Theil habe. Ein einziges Mal, bei einer Frage der norddeutschen Brausteuer, kam es vor, daß auf ausdrücklichen Antrag der Clericalen die Süddeutschen den Saal räumen mußten. Dann aber fiel auf die Anregung der Linken die Verfassungsvorschrift, da auch im Bundesrath sich keine 14 Stimmen fanden, welche dem Reichstag eine solche itio in partes aufdrängen mochten.

Anhang zu I.

Abrechnung über die Milliarden.

Nach den an den Reichstag ergangenen Vorlagen ergiebt sich in Betreff der französischen Kriegsentschädigung folgende Abrechnung:

I. Einnahmen.

1. Die vertragsmäßige Kriegsentschädigung betrug: 5,000,000,000 Frcs. Hierzu: 301,191,959 „ Zinsen; 5,301,191,959 Frcs. = (nach Abzug der Realisationskosten)	1,413,651,189	Thlr.
2. Die Pariser Kontribution	53,505,865	„
3. Die Ueberschüsse der in Frankreich erhobenen Steuern und örtlichen Kontributionen	17,600,000	„
Summa der Gesammteinnahme	1,484,663,496	Thlr.
Davon ab der Werth der Elsaß-Lothringschen Eisenbahnen	86,666,666	Thlr.
Blieb Reineinnahme . . .	1,397,996,830	Thlr.

II. Ausgaben.

Die durch Gesetz festgestellten Ausgaben betrugen:

1. Für den Reichs-Invalidenfonds (Gesetz vom 23. Mai 1873)	187,000,000	Thlr.
2. Zu Kriegs-Invaliden-Pensionen, welche schon vor der Bildung des Reichs-Invalidenfonds auf Grund des Militär-Pensionsgesetzes zu zahlen waren . .	16,196,674	„
3. Zum Ersatz von Kriegsschäden und Kriegsleistungen	38,800,000	„
4. Zur Entschädigung der Deutschen Rhederei	5,600,000	„
Latus	247,596,674	Thlr.

	Transport	247,596,674	Thlr.
5.	Für die Umgestaltung und Ausrüstung von Deutschen Festungen (Gesetz vom 30. Mai 1873)	72,000,000	„
6.	Für Wiederherstellung, Vervollständigung und Ausrüstung der Festungen rc. in Elsaß-Lothringen (Artikel 1 des Gesetzes vom 8. Juli 1872)	43,280,950	„
7.	Für die Erweiterung der Eisenbahnen in Elsaß-Lothringen und die Ausstattung derselben mit Betriebsmitteln, desgleichen für die Wilhelm-Luxemburg-Eisenbahn (Gesetz vom 14. Juni und 22. November 1871, 15. Juni 1872 und 18. Juni 1873)	57,205,887	„
8.	Für den Reichskriegsschatz (Gesetz vom 11. November 1871)	40,000,000	„
9.	Zum Ersatz solcher, durch die Kriegsführung gegen Frankreich entstandenen Ausgaben, welche billigerweise nicht von den einzelnen deutschen Contingenten zu tragen, sondern als gemeinsame Lasten zu behandeln sind, einschließlich der Aufwendungen für das große Hautquartier, Entschädigungen an Eisenbahn-Verwaltungen, und für das Retablissement der Kriegskarten, sowie für Herstellung der Kriegsdenkmünzen (Artikel 5 des Gesetzes vom 8. Juli 1872)	43,120,793	„
10.	Für die im Gefolge des Krieges stattgehabten militärischen Leistungen des Deutschen Reiches vom 1. Juli 1871 ab, mit welchem Termine die Demobilisirung der Kriegsarmeen eintrat, namentlich für die Occupation französischer Gebietstheile	21,815,000	„
	Latus	525,019,304	Thlr.

	Transport	525,019,304	Thlr.
11.	Zu den, durch die besondere Lage der Verhältnisse bedingten Mehrkosten der Truppenbesatzung in Elsaß-Lothringen bis Ende 1873	4,581,938	„
12.	Für die Erweiterung der Kriegsmarine einschließlich der Deckung der früher zu Marinezwecken ausgegebenen Schatzanweisungen	31,949,890	„
13.	Für den Schießplatz der Artillerie-Prüfungskommission (Gesetz v. 8. Juli 1872)	1,618,267	„
14.	Zum Betriebsfond der Reichskasse und zu den eisernen Vorschüssen für die Verwaltung des Reichsheeres	8,270,000	„
15.	Behufs der Uebernahme der, von den einzelnen Deutschen Staaten früher zu eigenen Lasten gewährten Zoll- und Steuercredite auf die Reichskasse . .	19,792,719	„
16.	Für Errichtung des Reichstagsgebäudes (Gesetz vom 8. Juli 1873)	8,000,000	„
17.	Zu Beihülfen an die aus Frankreich ausgewiesenen Deutschen (Gesetz vom 14. Juni 1871)	2,000,000	„
18.	Zu den Dotationen für verdiente Feldherren und Staatsmänner (Gesetz vom 22. Juni 1871)	4,000,000	„
19.	Zur Erwerbung des Fürstlich Radziwill'schen Palais in der Wilhelmstraße (Gesetz vom 25. Januar 1875) . . .	2,011,328	„
	Zusammen	607,243,446	Thlr.

Die Theilsumme beträgt demnach
790,753,384 Thlr.

Diese Summe erhöht sich indeß dadurch, daß Theile der Kriegsentschädigung vor ihrer Auszahlung zinsbar angelegt waren, mittelst der auf die Gesammtheit fallenden Zinsen auf rund .	793,000,000	Thlr.
Davon ab der Bairische Antheil . . .	90,200,411	„
Bleiben für die übrigen Staaten . . .	702,799,589	Thlr.

Transport		702,799,589 Thlr.
Hiervon sind abzuziehen für deren gemeinsame Rechnung, und zwar zur Abtragung der Reichsschuld für die Küstenbefestigung, so wie für Erweiterung der Dienstgebäude des Kriegsministeriums, Generalstabs u. s. w., zusammen .		6,119,000 „
Bleiben zur Theilung		696,680,589 Thlr.
Hiervon empfängt Württemberg		28,500,870 Thlr.
Bleiben nach Abfindung Württembergs für den Norddeutschen Bund, Baden und Südhessen		668,179,719 Thlr.
Davon sind für deren gemeinsame Rechnung entnommen:		
1. Betriebsfonds der Post-Verwaltung	1,750,000 Thlr.	
2. Für das Retablissement des Heeres	106,846,810 „	
		108,596,810 „
Bleiben zur Theilung		559,582,909 Thlr.
Hiervon participirt der Norddeutsche Bund mit	530,116,053 Thlr.	
Baden	20,133,182 „	
Südhessen	9,333,674 „	
Sind obige	559,582,909 Thlr.	

Von dem Antheil des Norddeutschen Bundes waren vorweg zu entnehmen die für denselben entstandenen, anderweit nicht gedeckten Kosten der gesammten Kriegsführung einschließlich der Ausgaben für die zurückgezahlten Kriegs-Anleihen und der 8,143,156 Thlr. betragenden Erstattungen an Kommunen, für die von denselben an die Familien einberufener Reservisten und Landwehrmannschaften gezahlten reglementsmäßigen Unterstützungen.	530,116,053 Thlr.
Latus	530,116,053 Thlr.

	Transport	530,116,053 Thlr.
Diese Gesammtkosten betragen	617,434,334 Thlr.	
Davon sind abzuziehen die früher vom Norddeutschen Bund vereinnahmten Kriegs-Anleihen, freiwillige Beiträge, Ueberschuß der Darlehnskassen ꝛc.	240,702,408 „	
Es sind daher an **Kriegskosten** auf den Antheil des Norddeutschen Bundes zu compensiren	376,731,926 Thlr.	
Ferner sind daraus zu bestreiten die Ausgaben:		
1. Für militärische Bauten und Einrichtungen — Artikel 1 des Gesetzes vom 2. Juli 1873 — 13,241,000 Thlr., nach Abzug der davon 1873 und 1874 verrechneten 1,434,790 Thaler =	11,806,210 Thlr.	
2. Für Revision der Kriegskostenrechnungen . . .	36,441 „	
3. Für Vergütung d. Kriegsleistungen. Von den reservirten 3,775,000 Thlr. sind 1873 u. 1874 verbraucht und oben unter den Kriegskosten bereits mitenthalten . 1,186,543 „		
Bleibt Bedarf	2,588,457 „	
	Latus	530,116,053 Thlr.

	Transport	530,116,053 Thlr.
4. Reste für Verzinsung und Tilgung der Kriegsschuld	59,219 Thlr.	
5. Zur Erhöhung des unter 1 aufgeführten Fonds für militärische Bauten ꝛc. .	400,000 „	
6. Die in der Denkschrift zu dem Gesetz, betreffend die Verwendungen aus der Kriegskosten-Entschädigung, als Bedarf zu Restausgaben der Kriegskosten von 1875 ab berechneten 19,200,000 Mk. =	6,400,000 „	
7. Auf Grund der Abrechnung über die nach Maßgabe der Militärkonventionen zu leistenden Retablissementskosten-Quoten Badens und Südhessens rund	615,000 „	
8. Zur Abrundung und für einzelne nicht vorgesehene Bedürfnisse	94,170 „	
Die Ausgaben von 1—8 mit	21,999,497 Thlr.	
Zusammen mit den Kriegskosten von	376,731,926 Thlr.	
Ergeben insgesammt		398,731,423 Thlr.
Folglich verbleiben für den Norddeutschen Bund		131,384,630 Thlr.

Endlich hat der Norddeutsche Bund an Erstattungen zu empfangen:

1. Verausgabte gemeinsame Transportkosten	1,644,118 Thlr.	
2. Präcipualliquidationen, Artikel V. des Kriegs-Entsch.-Gesetzes . . .	1,811,252 „	
Sind	3,455,370 Thlr.	
Empfangen hat derselbe bereits . . .		133,000,000 Thlr.

wovon auf Preußen nach Abzug der, den Officieren und Mannschaften der Landwehr im Betrage von 2,494,492 Thlr. gewährten Beihülfen die Summe von 105,854,536 Thlr. Kriegskosten-Entschädigung gefallen ist.

Nachdem der Reichstag in das Gesetz vom 17. Februar 1876 betreffend die Verwendung aus der französischen Kriegskosten-Entschädigung, die Bestimmung aufgenommen, daß die gesammten Kriegskostenreste auf den Reichshaushalts-Etat zu bringen seien, wird sich bei der nächsten Etatsberathung herausstellen, was etwa für die Norddeutschen Staaten zur Vertheilung noch übrig bleibt.

2.
Militärwesen.

In der Verfassung des Norddeutschen Bundes war die Vereinbarung getroffen, daß die Friedenspräsenzstärke des Heeres bis zum 31. December 1871 auf Ein Procent der Bevölkerung von 1867 normirt und für jeden Kopf der Armee dem Bundesfeldherrn jährlich 225 Thlr. zur Verfügung gestellt werden sollten. Dies ergab für den damaligen Bund 300,000 Mann und 67 ½ Millionen Thaler. Die gleichen Bestimmungen waren in die deutsche Reichsverfassung übergegangen; für das vergrößerte Reich stellte sich demnach eine Friedenspräsenzstärke von 401,000 Mann und ein Etat von 90¼ Millionen heraus. Diese Summe reichte aber nicht, um jenen Präsenzstand der Armee zu unterhalten. Die durchschnittlichen Kosten betrugen pro Kopf in Folge der gesteigerten Preise der Lebensmittel, der Bekleidungs- und Bewaffnungsgegenstände weit mehr als 225 Thlr. Man half sich durch massenhafte Beurlaubung. Die Dienstzeit des einzelnen Mannes sank im Durchschnitt auf zwei Jahre herunter; außerdem wurden viele dringende Ausgaben, Reparaturen, Casernenbauten u. s. w. zurückgestellt.

Als jenes zweijährige Pauschquantum dem Ablauf sich näherte, war der Friedensschluß kaum erfolgt, und es war noch nicht möglich gewesen, für die vergrößerte deutsche Armee einen specialisirten Etat aufzustellen. Die Reichsregierung wünschte also die Verlängerung des Pauschquantums auf ein Jahr, und sie dehnte diesen Wunsch auf drei Jahre aus, als sie die Stimmungen im Reichstag dafür geneigt fand.

Die Volksvertretung nämlich und zwar auch die liberale Seite derselben spaltete sich in zwei Lager. Die Einen besorgten, daß die specielle Berathung des Militäretats neue Conflicte erzeugen und den Raum für die übrigen gesetzgeberischen Aufgaben verengen werde, sie waren außerdem überzeugt, daß das Pauschquantum weit billiger sei, und daß jede detaillirte Aufstellung der militärischen Bedürfnisse zu einem höheren Gesammtergebniß führen müsse. Die Anderen dagegen forderten baldigste Ausübung des Budgetrechts auch für die Militärverwaltung und behaupteten, daß die sparsamere Wirthschaft unter dem Pauschquantum vielfach auf Schein beruhe, da manche zurückgestellte nothwendige Ausgaben in der Zukunft, die dann um so kostspieliger sei, nachgeholt werden müßten. Man darf heute wohl unbefangen sagen, daß beide Theile für ihre Ansicht gute Gründe hatten. Eine knappe Mehrheit entschied für die Verlängerung des Pauschquantums bis zum Ende 1874. Doch wurde inzwischen die Lage der Unteroffiziere verbessert und den Offizieren die neuen Wohnungsgeldzuschüsse gewährt, wodurch der Militäretat auf etwa 95 Millionen Thaler stieg. Die Fortsetzung des Pauschquantums hatte jedenfalls den politischen Werth, daß abermals drei Jahre hindurch die Ausgaben für die deutsche Armee aus dem parlamentarischen Kampfe ausschieden.

Als dieser Zeitraum zu Ende ging, legte die Regierung das Organisationsgesetz vor, welches nach der Reichsverfassung dem Etat zu Grunde gelegt werden soll. Dieser Gesetzentwurf, der 1873 zuerst eingebracht, aber erst im Frühjahr 1874 berathen wurde, enthielt weit mehr, als die Grundlage für die jährlichen Ausgaben. Er war in gewissem Sinne eine Kodification der Pflichten und Rechte der wehrhaften Bevölkerung, ein umfassendes Reichsmilitärgesetz, welches in fünf Abschnitten von der Ergänzung des Heeres, von den Bestandtheilen der activen Armee, von der Entlassung aus dem Dienst und dem Beurlaubtenstande handelte, und in all diesen Abschnitten von dem Reichstag in der Richtung umgearbeitet wurde, daß dem Bürger auch in der Erfüllung seiner Wehrpflicht eine klar bemessene Pflicht und ein festes Recht zur Seite stehe. Aber das Schwergewicht fiel doch auf den ersten Abschnitt, der von der Organisation des Reichsheeres handelte, und innerhalb dieses Abschnittes wieder auf die beiden Paragraphen, welche die Höhe der Friedens-Präsenzstärke, und die Zahl der Cadres (Bataillone, Escadrons, Batterien) gesetzlich feststellten. Jene Präsenzziffer ging nicht über das Eine Procent der Zählung von 1867 hinaus, sie betrug 401,659 Mann.

Aber diese Ziffer hatte jetzt eine andere Bedeutung. Denn während sie früher nur mit 225 Thaler multiplicirt und die über diesen Betrag hinausgehende Mehrausgabe dadurch ausgeglichen ward, daß thatsächlich nicht jene rechnungsmäßigen 401,000 Mann, sondern nur etwa 350,000 unter Waffen gehalten wurden, sollte jetzt die obige Zahl annähernd wenigstens unter den Fahnen stehen, und die wirklichen Ausgaben für diesen erhöhten Friedensstand in den Etat einzeln aufgestellt werden. Die Grundlage der Berechnung aber, die Präsenzziffer, sollte gesetzlich feststehen, so daß sie für alle Zukunft ohne Zustimmung der Regierungen nicht vermindert werden könnte.

Wenn einer Armee, wie es bei uns geschieht, jährlich 130,000 Recruten zugeführt werden, so setzt, nach Abzug der prima plana, die Friedensstärke von 401,000 Mann, oder genauer gesagt, — (da der Zwischenraum zwischen der Entlassung der Mannschaft im dritten Jahr und der Einstellung der Recruten auch heute noch mindestens 4 Wochen beträgt und dadurch der Stand der Armee im Jahresdurchschnitt vermindert wird), — von 390,000 Mann, eine durchschnittliche Dienstzeit von 2 Jahren 7 Monaten voraus. Gegenüber der Agitation der ultramontanen Partei auf Verkürzung der dreijährigen Dienstzeit muß hervorgehoben werden, daß dieselbe auch nach dem neuen Militärgesetz thatsächlich nicht drei Jahre, sondern nur etwa 2½ Jahre währt. Die Vertreter des Kriegsministeriums erklärten, daß sie eine weitere Verkürzung nicht zugestehen könnten. Bei einer Fortsetzung der Zustände unter dem Pauschquantum könne die Militärverwaltung die Verantwortung für die Sicherheit des Vaterlandes nicht übernehmen. Den außerordentlichen Rüstungen benachbarter Mächte gegenüber müsse sie auf die tüchtige Ausbildung des einzelnen Mannes und der Cadres halten, die bei einer kürzeren Dienstzeit nicht möglich sei.

Die nationalliberale Partei bestritt dies nicht, aber sie wollte, was sie für die heutige europäische Situation gelten ließ, nicht für alle Zeit fixiren. Sie suchte also ein Auskunftsmittel, welches die augenblicklichen Verhältnisse berücksichtigte und doch der Zukunft Ersparnisse vorbehielt. Es boten sich dafür zwei Wege. Man konnte erstens eine Maximal- und Minimalziffer gesetzlich feststellen, und jene auf 401,000, diese auf 360,000 oder 370,000 Mann berechnen, also immerhin noch höher, als die Friedensstärke der Armee bis 1874 thatsächlich gewesen war. Innerhalb dieser beiden Grenzen konnte sich die jährliche Budgetbewilligung bewegen. Dabei wurde bereitwillig zugestanden, daß für die nächsten Jahre und angesichts der französischen

Rüstungen der Militärverwaltung die Länge der Dienstzeit, die sie für nothwendig halte, also auch der daraus sich ergebende höhere Präsenzstand nicht versagt werden könne. Ein zweiter Weg war die Gewährung dieses Präsenzstandes auf eine längere Periode, die der Armee ihre Stabilität sicherte und doch für friedliche Zeiten eine neue, auf beiden Seiten freie Vereinbarung vorbehielt. Beide Möglichkeiten wurden von der nationalliberalen Partei der Regierung geboten.

Die Reichsregierung verschmähte den ersten Vorschlag und nahm den letzteren an. Man verständigte sich auf eine Periode von sieben Jahren, also bis zum Ende 1881. Für dieses Compromiß stimmten die Nationalliberalen einmüthig, außerdem die Freiconservativen und 14 Mitglieder der Fortschrittspartei. Die Centrumspartei wollte jährliche Bewilligung der Präsenzziffer und Herabsetzung derselben durch Verkürzung der Dienstzeit; auch war sie gegen die Fixirung der Cadres. Die Socialdemokraten wollten die Armee überhaupt in zuchtlose Milizen auflösen. Daß der Compromiß der Nationalliberalen keineswegs mehr zugestand, als die Volksstimmung wollte, bewies die sehr starke und durchaus nicht künstlich gemachte Bewegung, welche innerhalb der Nation auf die Nachricht von einem drohenden Zwiespalt entstand. Die Bevölkerung wollte keinen Conflict, ihre Ansichten über den Werth einer starken und schlagfertigen Armee hatten sich durch die Erfahrungen des französischen Krieges durchaus verändert. Sie steifte sich nicht auf die jährliche Feststellung der Präsenzziffer durch das Budget, sondern begrüßte die Verständigung zwischen den Reichsfactoren mit der lebhaftesten Freude.

Die neue, zwar nicht nominel, aber thatsächlich erhöhte Präsenzziffer ergab nun allerdings auch eine erhebliche Erhöhung des Etats. Vorzugsweise durch Mehrkosten für die Ernährung, Bekleidung und Ausrüstung des einzelnen, nunmehr wirklich unter der Fahne gehaltenen Mannes, stieg der Etat bald auf etwa 107 Millionen Thaler, abgesehen von den Verwendungen aus besondern Fonds. Aber es war doch übertrieben, wenn man behauptete, daß die Fixirung der Präsenzzahl und der Cadres das Budgetrecht vernichte. Es dauerte die freie Entscheidung über die außerordentlichen Ausgaben sowie über Neueinrichtungen fort. Zwei Jahre lang ist seit dem Erlaß des Militärgesetzes der Etat im Einzelnen mit voller Sachlichkeit geprüft. Dabei kam es zwar zu keinen aufregenden und interessanten Debatten, aber der Reichstag hat die Forderungen der Militärverwaltung erheblich beschränkt, und noch im letzten Jahr die 50 activen Stabsoffiziere abgelehnt, welche an die Stelle der inactiven Landwehrbezirkscommandeure treten sollten. Die Mehrheit des Reichstages hielt die allgemeine Wehrpflicht als ein kostbares Erziehungsmittel des Volkes hoch und ehrte in der Armee die starke Schutzwehr zur Vertheidigung unsrer nationalen Einheit und Macht. Die Verhandlungen mit der Militärverwaltung wurden durch die Offenheit und Loyalität der letzteren erleichtert, und führten zu der Ueberzeugung, daß gerade diese Verwaltung am wenigsten auf den erworbenen Lorbeern ausruht, sondern mit rastloser Energie an der Vervollkommnung ihrer Einrichtungen fort arbeitet.

Eine Ergänzung des Militärgesetzes und eine Folge der zu demselben gefaßten Reichstagsbeschlüsse waren die Gesetze über den Landsturm und über die Controlle des Beurlaubtenstandes. Das letztere stellte Zahl und Art der Kontrollversammlungen für die Mannschaften der Landwehr und Reserve, sowie das Maß der disciplinarischen Strafmittel fest, welche außerhalb der Zeit, während welcher jene zum activen Heere gehören, anwendbar sind. Das erstere fügte eine große Schöpfung der Freiheitskriege mit einigen Abänderungen in unser Wehrsystem von Neuem ein. Der Landsturm hat keinen Angriffszweck; er ist die letzte Kraftanstrengung des seine Existenz gegen den eingedrungenen Feind vertheidigenden Volks. Lebhafter Streit entstand nur über die Frage, ob der Landsturm immer in besonderen Abtheilungen formirt werden müsse, oder ob aus seinen Mannschaften bei außerordentlichem Bedarf auch die Landwehr ergänzt werden dürfe. Dringende praktische Erwägungen führten dazu, daß das letztere für den Nothfall, jedoch nur dann zugestanden wurde, wenn sämmtliche Jahrgänge der Landwehr und der Ersatzreserve einberufen sind, wenn es also gilt, den letzten Mann und den letzten Thaler daran zu setzen. Auch die Fortschrittspartei machte dies Zugeständniß, nur die Ultramontanen und ihre Anhängsel stimmten dagegen.

Zu den Maßregeln, durch welche die Einheit des Heerwesens auf der einen, die Rechtseinheit auf der anderen Seite gefördert wurde, gehört auch das deutsche Militär-Strafgesetzbuch vom 20. Juni 1872. Es war eine Folge des 1870 erlassenen und seitdem über das ganze Reichsgebiet ausgedehnten bürgerlichen Strafgesetzbuches. Es kam im Wesentlichen auf der Grundlage des altpreußischen Systems, jedoch mit manchen Milderungen und unter lebhaften Kämpfen zu Stande. — Eine Reihe anderer Gesetze erleichterte die vielfachen Lasten und Anforderungen, welche die Bevölkerung außerhalb des Etats für militärische Zwecke zu tragen hat. Es ist wohl zu beachten, daß in dem alten Preußen der Militäretat durchaus nicht der volle Ausdruck der finanziellen Opfer war, welche das Land zu bringen hatte. Neben jenen, auf der Gesammtheit ruhenden Ausgaben wurden vielmehr einzelne Bevölkerungsklassen noch dadurch in Kontribution gesetzt, daß sie für die geleisteten Dienste oder für die Beschränkungen ihres Eigenthums nur höchst unzureichende Entschädigungen erhielten. Dies galt z. B. von den Bewohnern der Festungsstädte, denen jetzt durch das Rayongesetz volle Entschädigung und Rechtsschutz gesichert ist, wenn sie im Gebrauch ihrer Grundstücke aus militärischen Rücksichten beschränkt werden müssen. Außerdem haben die technischen Erfindungen der Neuzeit im Artilleriewesen, sowie die Concentration des Kriegs auf große Massenentscheidungen die Folge gehabt, daß viele kleine Festungen gänzlich aufgegeben, den wichtigeren Waffenplätzen aber der einzwängende Gürtel erweitert werden konnte, da weit hinaus liegende detachirte Forts den Platz jetzt decken. — Das Rayongesetz half den gerechten Beschwerden eines Theils unserer Städte ab. Die in den Jahren 1873—75 zu Stande gekommenen, durch die Reichstagsmehrheit vielfach noch verbesserten Gesetze über die Kriegsleistungen und die Naturalleistungen der Gemeinden für die bewaffnete Macht im Frieden, sind für sämmtliche deutsche Gemeinden und besonders auch für die Landgemeinden von großer Bedeutung. Das Kriegsleistungsgesetz vom 23. Juni 1873 beschränkte das Maß der Leistungen und erweiterte die Entschädigungsansprüche. Während ür das Naturalquartier früher nur in den Festungen eine theilweise Vergütung stattfand, wird jetzt sämmtlichen besetzten Ortschaften Vergütung ertheilt. Der Vorspann wird nach den unten angegebenen erhöhten Sätzen bezahlt, für Verluste wird Ersatz gewährt. Die frühere, schwer drückende Verpflichtung der Gemeinden zur unentgeldlichen Stellung der Landwehrpferde ist gänzlich aufgehoben. Die Handdienste sind fast ganz beseitigt. — Das Naturalleistungsgesetz vom 13. Februar 1875 reducirt die Leistungen auf das wirklich nothwendige Maß und setzt an Stelle der alten, seit 1810 gültigen und daher gänzlich unzureichenden Sätze eine der jetzigen Zeit entsprechende Vergütung. Während früher für Vorspann 7½ Sgr. pro Meile und Pferd vergütet wurde, erhält jetzt in gewöhnlichen Zeiten das einspännige Fuhrwerk pro Tag 2⅓ Thlr., das zweispännige 3⅓ Thlr. Während für die Naturalverpflegung pro Mann und Tag früher 5 Sgr. gegeben wurden, werden jetzt 8 Sgr., in außergewöhnlichen Fällen 10 Sgr. gezahlt. Die Fourage wird nach dem

Durchschnittspreise des Kalendermonats im Hauptmarktort berechnet. — Durch diese Gesetze wachsen zwar die Kosten der Gesammtheit, aber sie werden gleichmäßig getragen, während die Lasten bisher mit unbilligem Druck auf einzelnen Schultern, insbesondere der ländlichen Grundbesitzer lagen. Diese durch die Reichstagsmehrheit selbst angeregten Reformen sind einer der vielen thatsächlichen Gegenbeweise gegen die Behauptung, daß die Liberalen die ländlichen Interessen vernachlässigt hätten.

3.

Elsaß-Lothringen.

Die kostbare Frucht unserer Siege über Frankreich war der Wiedererwerb von Elsaß und Deutsch-Lothringen, zu dem aus militärischen Gründen das gewaltige Bollwerk von Metz und Umgebung hinzugenommen werden mußte. Da es unmöglich war, dieses von der gesammten deutschen Waffenmacht errungene Besitzthum einem einzelnen Staat einzuverleiben, und noch unmöglicher es unter mehrere Staaten zu vertheilen, so entstand aus Elsaß-Lothringen ein neues staatsrechtliches Gebilde, es wurde unmittelbares Reichsland. Die dadurch bedingten eigenthümlichen Verhältnisse wurden 1871 durch das Gesetz, betreffend die Vereinigung Elsaß-Lothringens mit dem Reich, geordnet. Danach regiert der Kaiser im Namen des Reichs das Land und übt für die nächsten Jahre in Gemeinschaft mit dem Bundesrath und ohne Reichstag die Gesetzgebung. Diese „Diktatur" sollte nach der Vorlage bis zum 1. Januar 1874 dauern, und dann gleichzeitig mit dem Eintritt der Elsasser Abgeordneten in den Reichstag der letztere die Mitwirkung an der Gesetzgebung erhalten. Der Reichstag genehmigte die Dictatur nur bis zum 1. Januar 1873, sah sich aber später genöthigt, das gestrichene Jahr wieder zuzulegen.

Unsere neuen Reichsgenossen wurden mit außerordentlichem Wohlwollen behandelt. Selten hat wohl ein erobertes Land so reichen Ersatz für alle Kriegsbeschädigungen, und, so weit nur die Thatsache des Friedensvertrags nicht in Frage gestellt wurde, von vorn herein eine so freie Bewegung erhalten. Jeder Antheil an der französischen Staatsschuld war von Elsaß-Lothringen abgewandt; der Industrie wurde eine Uebergangsfrist ausbedungen, welche ihr gestattete, den bisherigen Verkehr mit Frankreich noch festzuhalten, während sich ihr zugleich der Markt des Zollvereins zu neuen Erwerbungen öffnete.

Keine Steuer ward erhöht, dagegen das Tabaksmonopol und eine Anzahl indirecter Abgaben aufgehoben. Wohl aber setzte man mit großer Raschheit die beiden Haupthebel zur neuen Umgestaltung an; man führte noch im Jahre 1871 die Verpflichtung zum deutschen Wehrdienst und die allgemeine Schulpflicht, sowie die deutsche Sprache als Unterrichtssprache ein. Seitdem hat die Recrutenaushebung von Jahr zu Jahr ein besseres Ergebniß gehabt, und der Zeitpunkt scheint gekommen, wo die Tüchtigkeit der elsässischen Unterofficiere der deutschen Armee zu Gute kommt. Zur Umwandlung des Schulwesens im deutschen Sinn ergingen die Verordnungen von 1872, welche die niederen und höheren Unterrichtsanstalten unter Staatsaufsicht stellten, die Prüfungen der Lehrer, die Bildung auf den Seminarien u. s. w. regelten. In all' diesen Beziehungen konnte der Reichstag die Schritte der Verwaltung nur unbedingt billigen.

Die Reichstagswahlen von 1874 zeigten, daß der mächtigste Einfluß, wie in Frankreich überhaupt, so auch im Elsaß vom Clerus geübt wird. Von 15 Abgeordneten waren 10 ultramontan, darunter 7 Geistliche; der Rest gehörte zur französischen Protestpartei. Ihr parlamentarisches Auftreten war nicht glücklich. Gleich ihr erster Antrag, daß man die Elsaß-Lothringer über die Annexion solle abstimmen lassen, brachte sie unter einander selbst in Streit. Die Mehrzahl verschwand von da ab, nur ein Rest meist von Geistlichen blieb, und concentrirte nunmehr, unterstützt von der Centrumspartei, seine Angriffe auf die deutsche Schulordnung, die ja freilich das genaue Gegentheil der unter Napoleon III. zu Gunsten des Clerus erlassenen Gesetze war und den Unterricht des Volks dem Einfluß der Geistlichen entzog. Um die sonstigen Landesinteressen kümmerten sich die Herren nicht; an der Arbeit der Kommission, die den Haushalt der Reichslande zu berathen hatte und die sich durch Aufklärung dunkler Positionen im Etat, durch Hinweis auf die Wege, wie die Verwaltung vereinfacht und sparsamer geführt werden könne, entschiedene Verdienste erwarb — sollten sie betheiligt werden, lehnten die Theilnahme aber ab. Natürlich, daß dieses Auftreten auch auf die Stimmung des besten Patrons, den die Elsasser bisher gehabt, des Reichskanzlers, nicht ohne Wirkung blieb, und daß es die Energie der Reichsverwaltung in dem Kampf gegen ihren mächtigsten Feind im Elsaß nur bestärken konnte.

Das Land scheint von dem Treiben seiner Abgeordneten selbst nicht sehr erbaut gewesen zu sein; denn inzwischen hat es trotz Protestler und Clerus angefangen, von der dargebotenen Mitwirkung an seinen inneren Angelegenheiten Gebrauch zu machen. Seit 1874 sind alle drei „Bezirkstage“ in beschlußfähiger Anzahl zusammengekommen und noch im October jenes Jahres wurde aus den Delegirten der Bezirkstage der Landesausschuß geschaffen und ihm die Befugniß ertheilt, den Landeshaushalt, die Landesgesetze und die Ausführungsverordnungen zu den Reichsgesetzen gutachtlich vorzuberathen. Die Einrichtung hat sich inzwischen bewährt, und es ist nun der weitere Schritt gethan, dem Landesausschuß eine bedingte Mitwirkung bei der Gesetzgebung zu ertheilen. Ein neuer Gesetzentwurf, den die Reichsregierung zunächst dem Urtheil jener Körperschaft selbst unterbreitet hat, sagt: Landesgesetze für Elsaß-Lothringen können mit Zustimmung des Bundesraths und ohne Mitwirkung des Reichstags vom Kaiser erlassen werden, wenn der Landesausschuß denselben zugestimmt hat“. Damit erhält also der letztere zwar noch nicht das Recht eines gesetzgebenden Faktors, aber so weit er sich mit der Reichsregierung über Landesgesetze verständigen kann, geht die jetzt vom Reichstag geübte Mitwirkung thatsächlich auf ihn über. Der Ausschuß hat sich im Juni einstimmig für den Entwurf erklärt, natürlich nicht ohne seine viel weitergehenden Wünsche auszusprechen. Der Reichstag wird dem Entwurf, der ihm noch vorgelegt werden muß, auch nicht entgegen sein: denn Specialgesetze für ein Land können in der That nur von denen gemacht werden, die das Land bewohnen und kennen. Gern wird der Reichstag seine Befugnisse in dieser Hinsicht an die Elsasser selbst abtreten, sobald und so weit ihre politische Ernüchterung ihm dies gestattet.

4.

Die Rechtseinheit. — Justizgesetze in Preußen.

Im constituirenden Norddeutschen Reichstage war es nicht gelungen, das gesammte bürgerliche Recht unter die Gesetzgebung des Reichs zu stellen, sondern nur das Obligationen-, Handels- und Wechselrecht, so wie das gerichtliche Verfahren. Auch die Gerichtsorganisation war nicht ausdrücklich erwähnt, obwohl die Gemeinsamkeit des Verfahrens auch die Einheit der Organisation bedingt. Von 1871 ab erhoben nun die Nationalliberalen unterstützt von den befreundeten Fraktionen links und rechts, von Jahr zu Jahr die Forderung, die Reichscompetenz auf das gesammte bürgerliche Recht und die Gerichtsorganisation auszudehnen. Sie gründeten diese Forderung auf den unleugbaren Zusammenhang des Obligationenrechts mit den übrigen Theilen des Civilrechts, der eine Fortbildung des einen Theils ohne Eingriffe in die anderen gar nicht zuläßt, und auf die Nothwendigkeit, das einheitliche Verfahren durch eine gleichmäßige Ordnung der Gerichte und einen obersten Gerichtshof zu sichern. Die Mehrheit des Bundesraths widersprach zwei Jahre lang, selbst Preußen stand anfänglich auf Seiten der Minderheit; Baiern sträubte sich noch länger, die ultramontane Partei suchte die mittelstaatlichen Höfe gegen deren weniger abgeneigte Minister aufzuhetzen, indem sie die Vernichtung der Justizhoheit, den Untergang aller Selbstständigkeit der Einzelstaaten aus der Annahme des Antrags prophezeite. Indeß die Vernunft der Sache schlug durch. Die Antragsteller verzichteten darauf, die Gerichtsorganisation, auf die man bei einer gemeinsamen Regelung des Prozeßverfahrens von selbst kommen mußte, ausdrücklich zu erwähnen; in einer Conferenz der Justizminister wurde Baiern zugestanden, daß die Competenz des obersten Reichsgerichts in Civilsachen sich zunächst nur so weit erstrecken solle, als die Reichsgesetzgebung sich entwickelt habe; endlich erklärte sich sogar eine kleine Mehrheit des bayerschen Landtags (mit Hülfe der Fraktion Sepp) für die Erweiterung der Reichscompetenz. So trat der Bundesrath zuletzt fast einmüthig, gegen die Stimmen von Mecklenburg und Reuß, dem Beschluß des Reichstags bei, und es kam durch das Gesetz vom 20. Dec. 1873 eine heilsame und bedeutende Verfassungsänderung zu Stande.

Nach zwei Richtungen hin ist nunmehr das große Werk der nationalen Rechtseinheit in Angriff genommen. Einmal ist für die schwierige und langwierige Ausarbeitung eines deutschen Civilgesetzbuchs vom Bundesrath eine Commission erwählt, welche aus hervorragenden wissenschaftlichen und praktischen Juristen unter dem Vorsitz des Präsidenten des Oberhandelsgerichts besteht. Diese Commission hat den gesammten ihr zugewiesenen Stoff in fünf Gruppen getheilt und dieselben zur vorbereitenden Bearbeitung fünf Redaktoren überwiesen, deren Vorschläge die Grundlage der Commissionsberathungen bilden werden. Die Aufgabe ist so umfassend, daß erst nach einer Reihe von Jahren das fertige Werk der Commission vor den Bundesrath und den Reichstag wird gelangen können.

Rascher ist die andere Seite der Aufgabe, die Schaffung einheitlicher Prozeßordnungen und einer gemeinsamen Gerichtsverfassung der Lösung nahe gebracht. Die betreffenden Entwürfe wurden vom Bundesrath im Herbst 1874 dem Reichstag vorgelegt, und dieser überwies die Berathung derselben einer Kommission von 28 Mitgliedern, welche durch Gesetz das Recht erhielt, auch nach Schluß der Session ihre Arbeit fortzusetzen. Sie hat mit außerordentlicher Anstrengung zwei Jahre hindurch sich ihrer Aufgabe gewidmet und ihre Referenten sind jetzt dabei, die schriftlichen Berichte über das Ergebniß der gepflogenen Berathungen dem Hause für die nächste Herbstsitzung vorzulegen.

Am leichtesten hatte es die Justizcommission mit der Civilprozeßordnung. Der Entwurf derselben beruhte auf dem klar durchdachten Grundsatz der Oeffentlichkeit und Mündlichkeit und enthielt überall die praktischen Verbesserungen zur Abkürzung der Prozesse, wie sie sich aus den Erfahrungen der einzelnen Länder ergeben hatten. Sie ist von der Kommission einfach angenommen, nur einzelne Lücken sind ausgefüllt und zweifelhafte Punkte weniger nach theoretischen als nach praktischen Gesichtspunkten entschieden. Anders stand die Sache bei der Strafprozeßordnung. Diese ist nicht in allen technischen Details von wissenschaftlichen und praktischen Juristen seit Jahren vorbereitet. Vielmehr sind hier viele Fragen noch im Fluß und von der Wissenschaft noch nicht übereinstimmend entschieden, auch bestehen in Deutschland noch sehr verschiedene Strafprozeßordnungen, wenn sie auch mehr oder weniger auf der Grundlage des öffentlichen und mündlichen Verfahrens, — bei schweren Verbrechen unter Zuziehung von Laien für die Feststellung der Thatfrage (Geschworne) — beruhen. In Folge dessen war die Vorlage denn auch ein weniger harmonisch durchgearbeitetes Ganzes und hatte selbst in der technischen Anordnung manche Mängel. Die Commission war daher genöthigt, einerseits das Gesetz Paragraphenweise durchzuarbeiten, andererseits sich zu bescheiden, die allgemeine Grundlage des in Deutschland bestehenden öffentlichen und mündlichen Verfahrens im Wesentlichen anzunehmen, und nur diejenigen Verbesserungen einzuführen, welche auf der übereinstimmenden Ansicht der Theoretiker und Praktiker beruhen. Namentlich galt es, die Anforderungen der staatlichen Ordnung und der Rechtssicherheit mit denen der individuellen bürgerlichen Freiheit zu vereinigen. Die Commission hatte dabei nicht blos mit den Schwierigkeiten in ihrer eigenen Mitte, sondern auch mit den, unter einander abweichenden Meinungen der Regierungsvertreter zu kämpfen. So hoch sie auch den Gedanken der Rechtseinheit stellte, so konnte sie demselben doch nicht ungemessene Opfer bringen, und so hat sie in manchen wichtigen Fällen ihre Beschlüsse gegen den entschiedenen Widerstand der Regierungen festgehalten. Sie ließ dabei nicht außer Acht, daß große Gesetzgebungen, wie die Justizvorlagen sind, naturgemäß aus Kompromissen, sowohl zwischen den Parteien wie mit der Regierung hervorgehen. — Die allgemeine Grundlage des Entwurfs der Gerichtsverfassung ist von der Commission angenommen, aber manche neue Capitel sind eingefügt und im Einzelnen wichtige Abänderungen getroffen, denen die Regierungen wohl größtentheils zustimmen werden. Die Bestimmungen über die Stellung der Richter und die Garantien ihrer Unabhängigkeit, über die Bildung der Senate zur Abwehr jedes Einflusses der Verwaltung auf die Zusammensetzung der Gerichte, ferner über die deutsche Rechtsanwaltschaft auf Grund der freien Advocatur sind neu eingefügt. — Im Civilverfahren werden in Zukunft als Richter erster Instanz Einzelrichter, als Richter zweiter Instanz große Landgerichte, beziehungsweise Oberlandesgerichte, und in der Revisions- und Cassationsinstanz das Reichsgericht behufs Aufrechterhaltung der deutschen Rechtseinheit fungiren. In Strafsachen werden in leichten Fällen die Schöffengerichte, in mittleren Strafsachen die mit fünf Richtern besetzten Senate der Landgerichte, in schweren Fällen die Schwurgerichte entscheiden, welche letztere jedoch sehr bedeutend durch den Beschluß erleichtert sind, daß alle, auch die schweren Diebstähle von den Landgerichten abgeurtheilt werden sollen. Bei der Berathung über die Gerichtsverfassung hatte die Commission überall die feine Grenzlinie zwischen der Hoheit des Reichs und der Selbstständigkeit der einzelnen Staaten einzuhalten, und sie ist in der Vereinheitlichung nicht weitergegangen, als es für die Gemeinsamkeit der Rechtsinstitutionen unbedingt erforderlich war. Die Gegensätze zwischen der Commission und dem Bundesrath beschränken sich jetzt nur noch auf einzelne Fragen und es ist kaum möglich anzunehmen, daß das große Werk der Rechtseinheit, an welchem die Nation und die Regierungen gleichmäßiges Interesse haben, daran scheitern könnte. Es war die wachsende Justizhoheit der Einzelstaaten, an der sich der Verfall des alten Reiches messen ließ; wir nehmen heute den umgekehrten Weg, und je rascher wir auf ihm fortschreiten, desto mehr wird die Macht des neuerstandenen Reiches sich bewähren. —

Noch einige, das Rechtsleben in Preußen betreffende Gesetze mögen hier Platz finden, zumal eines derselben zugleich die Grundlage für eine allgemeine deutsche Reform bilden wird. Nur im Vorbeigehen erwähnt sei die neue Vormundschaftsordnung, welche größere

Garantien für die pflichtmäßige Führung der Vormundschaft, besonders auch für die Vermögensverwaltung des Mündels schafft. — Für Hebung des Credits, zumal des Realcredits ist die für die Gesammtheit der Monarchie erlassene Grundbuchsordnung von großer Wichtigkeit. Während die Concursordnung für die älteren Provinzen die raschere und sachgemäßere Vertheilung des in Concurs verfallenen Vermögens erleichterte und den namentlich auf diesem Gebiet lebhaft empfundenen Mängeln des bisherigen Verfahrens abhalf, ist die Grundbuchsordnung den seit Jahren von dem Grundbesitz erhobenen Klagen über die Weitläufigkeit und Kostspieligkeit des Hypothekenwesens gerecht geworden. Die Einführung der unbedingten Beweiskraft der Grundbücher, die Leichtigkeit der Eintragungen und der Löschungen, sowie die Möglichkeit, den eigenen Besitz auch ohne Vorhandensein eines dritten Gläubigers zu beleihen — hat den Credit des Grundbesitzers erheblich gefördert. Hierdurch so wie durch die, in Folge des Darniederliegens der Industrie vermehrte Neigung der Capitalien, Realsicherheiten zu suchen, ist die Hypothekennoth der früheren Jahre wesentlich gemindert. Diese Thatsache beweist auf's neue, wie unbegründet die Behauptung ist, daß die freie Bewegung der Capitalien dem Grundbesitz nachtheilig sei. Die Hypothekennoth war vor der Aufhebung der Zinsschranken und vor dem Erlaß der wirthschaftlichen Gesetze des norddeutschen Bundes am stärksten, und ist nach jenen Gesetzen und der eingetretenen freien Bewegung auf wirthschaftlichem Gebiet, insbesondere auch durch die Einrichtung besserer Pfandbriefinstitute und die Concurrenz, die sie sich gegenseitig machen, fast vollständig gehoben. — Der jetzt im Reichstag in Ausarbeitung begriffenen deutschen Concursordnung liegt die in der Praxis bewährte preußische Concursordnung zu Grunde. Nur ist dieselbe in manchen Punkten verbessert und vervollständigt, und dem öffentlich-mündlichen Verfahren angepaßt. Sie wird in fast allen übrigen deutschen Ländern noch nützlicher wirken, als in Preußen, wo das Concursverfahren schon verhältnißmäßig besser geordnet war. Auch auf diesem Gebiet wird die Einheit des Rechts ein dringendes Bedürfniß des deutschen Verkehrslebens befriedigen.

5.

Einheit im Münz- und Bankwesen.

Der Norddeutsche Bund hat die Einheit im Maaß und Gewicht hergestellt, das deutsche Reich hat gleich in den ersten Jahren seines Bestehens das schwierigere Werk vollendet, die Einheit unseres Geldverkehrs zu schaffen. Nirgend mehr als auf diesem Gebiet hat der nationale Gedanke die Kraft gezeigt, ordnend und heilend auf das unmittelbare praktische Leben zu wirken; und die Reichstagsmehrheit, und innerhalb derselben die nationalliberale Partei, darf für sich das Verdienst in Anspruch nehmen, daß sie den Maßregeln der Regierung, die zur Heilung unerträglicher Uebel führten, nicht blos gefolgt ist, sondern überall angeregt, die Reformen beschleunigt und ihnen den weiteren Umfang gegeben hat, welcher ihre Wirksamkeit verbürgte.

Die deutsche Vielstaaterei hatte durch die Buntscheckigkeit der Münzen und durch die Papiergeldwirthschaft den schwersten wirthschaftlichen Schaden gestiftet. Bis zum Jahre 1870 gab es in Deutschland sieben verschiedene Münzsysteme. Die unzähligen bis zu den kleinsten Beträgen herabgehenden Bankzettel, die viel zu großen Summen von Staatskassenscheinen, beide vielfach unsolid und meist schon nach ihrer Außenseite abscheulich, waren ein Krebsschaden an dem wirthschaftlichen Leben der Nation. Das Bedürfniß zur Münzeinigung war denn auch schon seit Jahrzehnten empfunden, aber so lange die alte Bundesverfassung bestand, scheiterte sie wie jede andere Reform an dem Grundfehler dieser Verfassung. Die Münzkonventionen, welche unter Mitwirkung Oesterreich's abgeschlossen wurden, hielten sich in den bescheidensten Grenzen. Die zahlreichen Münzfuße wurden dadurch kaum vermindert, die jammervollen Papierwische, welche in endlosen Spielarten von Hand zu Hand gingen, blieben unberührt, das fremde Geld war — und nicht ohne Grund — bei uns ebenso heimathberechtigt, wie das deutsche. Mit der Begründung des Norddeutschen Bundes begannen auch die Anträge auf Ordnung dieser Dinge; im bitteren Humor überreichte ein Abgeordneter dem Reichstag eine Sammlung deutscher Papiergeldscheine als Geschenk, unter Beifügung von ein Paar Handschuhen, ohne welche die schmutzigen Zettel nicht anzufassen waren. Jede Münzeinigung, die dem Bedürfniß der Nation entsprechen sollte, mußte auf Süddeutschland ausgedehnt werden. Die im norddeutschen Reichstag gestellten Anträge wurden also in der einzigen Körperschaft, welche Nord und Süd damals verband, im Zollparlament wiederholt. Die Partikularisten, voran Einer der „Unversöhnlichen" aus der angeblich demokratischen Partei in Schwaben, widersprachen mit heftigem Eifer; denn unter Preußens Führung durfte auch das Nützlichste nicht geschehen. Das Zollparlament nahm indeß im April 1870 mit großer Mehrheit den Antrag an, daß die verbündeten Regierungen die Angelegenheit der vor den norddeutschen Reichstag zu bringenden Münzreform als eine gemeinsame Aufgabe sämmtlicher Staaten des Zollvereins sich aneignen möchten.

Nun kam der Krieg gegen Frankreich und brachte mit der Errichtung des Reichs die volle Grundlage zur Neugestaltung, und mit der Kriegsentschädigung die bereiten Mittel, um sofort mit der Prägung neuer Münzen zu beginnen. Dem Gedanken folgend, welchen die früheren parlamentarischen Vorgänge gezeitigt hatten, unterbreitete die Reichsregierung im Herbst 1871 dem Reichstag einen Gesetzentwurf, welcher den Grund zur gesammten Münzreform legte. Zunächst auf die Prägung von Goldmünzen gerichtet, ließ der Entwurf die Frage der einfachen oder doppelten Währung noch offen; seinem Sinne nach strebte er aber eingestandener Maßen auf die ausschließliche Goldwährung hin. Diesen Gedanken mit Energie festzustellen und seine Verwirklichung möglichst zu beschleunigen, machte sich die nationalliberale Partei zur Aufgabe. Sie erkannte die seitdem durch die Ereignisse klargestellte Nothwendigkeit, den Uebergang zur Goldwährung entschlossen und rasch durchzuführen. Von ihr gingen daher die Anträge aus, welche die weitere Ausprägung von Silbermünzen untersagten und die Einziehung der außer Kurs gesetzten Münzen auf Reichskosten anordneten. Ohne diese Sistirung der Silberprägung, so wie ohne die grundsätzlich festgestellte Sicherung der Privatprägerechte würden dem Reichsmünzgesetze vom 9. Juli 1873 die Bedingungen zu seiner Entfaltung gefehlt haben. Schon das Gesetz von 1871 entschied über die Mark als Rechnungseinheit und beseitigte sowohl den Gedanken eines Anschlusses an das Frankensystem oder an den österreichischen Gulden als Einheit, wie auch die Phantasie einer internationalen Goldmünze. Deutschland rettete die Selbstständigkeit seines neuen Münzsystems. Dasselbe schloß sich zwar der im Norden vorherrschenden Rechnungseinheit näher an, als der im Süden, aber auch der Norden hatte seinen Groschen zu opfern und die Prägung von 30 Markstücken wurde verworfen. Entsprechend den nunmehr deutlich niedergelegten Grundbestimmungen vollendete das Gesetz von 1873 den großen Bau der Reform. Das so geschaffene, auf Grund eines nationalen, an die Thalerwährung sich leicht anschließenden Typus, zu einem in sich geschlossenen Ganzen abgerundete Decimalsystem hat seinen Zweck vollständig erreicht. Ein zweckmäßiges, einheitliches, dem schwankenden Wechselverhältniß des Silbers zum Gold entzogenes

Tauschmittel hat sich in kürzester Zeit in der Nation und in den Beziehungen zum Weltmarkt eingebürgert; — gerade noch im rechten Augenblick, ehe die unvermeidliche Werthverminderung des Silbers hereinbrach, die ohne die seit Jahren geschehenen Schritte das Vermögen der Nation weit tiefer geschädigt und alle Verhältnisse zwischen Schuldnern und Gläubigern in Verwirrung gebracht haben würde. Aus den Berathungen über das Gesetz von 1873 sei noch erwähnt, daß der noch einmal auftauchende Vorschlag der Doppelwährung vom Reichstag zurückgewiesen, der süddeutsche Wunsch auf Ausprägung von 2 Markstücken aber mit einer knappen Mehrheit genehmigt wurde. Die silbernen Scheidemünzen von 1 Mark abwärts wurden nur mit den Symbolen des Reichs ausgestattet. Die Abzeichen der besondern Landeshoheit wurden beseitigt, während bei den Goldmünzen die Bildnisse der Landesherren hatten zugelassen werden müssen.

Von höchster Bedeutung war ein anderer Punkt, nämlich die nach langen Kämpfen endlich durchgesetzte und dem Münzgesetz angehängte Clausel, (Artikel 18 des Gesetzes vom 9. Juli 1873), wonach bis zum 1. Januar 1876 sämmtliche Banknoten unter 100 Mark, sowie das nicht auf Reichswährung lautende Staatspapiergeld zu verschwinden hätten. Diese Clausel fußte auf dem Satz, daß ohne Beschränkung der Papiergeldwirthschaft jedes Münzgesetz unwirksam bleiben müsse. Als Ausfluß dieses Satzes sind die beiden Gesetze anzusehen, welche in den Jahren 1874 und 1875 zur Regelung des Staatspapiergeldes und des Bankwesens zu Stande kamen. Das Gesetz vom 30. April 1874, betreffend die Ausgabe von Reichskassenscheinen, beseitigte das Papiergeld der Einzelstaaten, welches sich auf ungefähr 67 Mill. Thaler belief und setzte an die Stelle 120 Millionen Mark Reichscassenscheine, die unter die Bundesstaaten nach der Bevölkerungszahl vertheilt wurden. Da diejenigen Mittel- und Kleinstaaten, welche an Papiergeld besonders fruchtbar gewesen waren, gegen eine solche plötzliche Beschränkung große Klage erhoben, so mußte auf Andrängen des Bundesraths zugestanden werden, daß aus der Reichscasse ein Vorschuß überwiesen werde bis zu zwei Drittheilen des Betrags, den sie an Staatspapiergeld über ihren Antheil hinaus bisher ausgegeben hatten. Dieser Vorschuß sollte womöglich in Baar oder in Reichskassenscheinen gewährt, und innerhalb 15 Jahren zurückgezahlt werden. Demgemäß kann heute kein Einzelstaat mehr Papiergeld machen, der Gesammtbetrag der Reichskassenscheine vermindert sich von Jahr zu Jahr und wird binnen Kurzem nur noch eine von den Bedürfnissen des täglichen Verkehrs geforderte und durch den Baarfonds des Reichskriegsschatzes gedeckte Höhe haben.

Den Schlußstein der ganzen Reform bildete das **Bankgesetz**. Es beschränkte sich in dem ersten vom Bundesrath vorgelegten Entwurf auf einheitliche Vorschriften über die metallische Bedeckung der Banknoten und Feststellung der Grenze, über welche hinaus die durch baar nicht gedeckten Noten einer 5%gen Reichssteuer unterworfen sein sollten. Dagegen wich der Entwurf vor der Errichtung einer **Reichsbank** zurück. Hier war es wieder die Energie der nationalliberalen Partei, welche diesen großen Schritt siegreich gegen die particularistischen Anwandlungen gewisser Einzelstaaten durchzusetzen und ihn mit den gesunden, die Zettelwirthschaft an der Wurzel anfassenden Vorschlägen des Entwurfs zu verknüpfen wußte. Um den Mittelpunkt der Reichsbank setzte sich eine Reihe von Verbesserungen an. Von besonderer Wichtigkeit war die Bestimmung, welche der Reichsbank den Ankauf des Goldes zum Behuf der Prägung auferlegte. Erst dadurch wird die Privatprägung, die das gesunde Lebenselement einer vollgültigen Währung ist, zur Wahrheit. Das Reichsbankgesetz vom 14. März 1875 hat sich in der kurzen Zeit seiner Wirksamkeit bereits vollauf bewährt. Handel und Wandel sind einstimmig über die Wohlthat einer Reform, die in Deutschland nach Verlauf weniger Monate bereits alle Geldbeziehungen in einen unendlich vereinfachten und erleichterten Gang gebracht hat. Hat diese Wirksamkeit mehrere Jahre gedauert und sind die geschäftlichen Störungen, die aus anderweitigen Ursachen herkamen, überwunden, so wird Deutschland erst den ganzen Umfang des Segens würdigen lernen, der in seinem einheitlichen, gesunden und zweckdienlichen Umlaufs- und Creditsystem liegt. Während das in seinen Bestimmungen vollkommen harmonische Münzgesetz seitens der Reichsbehörde im Punkt der Ausführung nicht ganz glücklich, weil zu langsam und mit übel angebrachter Sparsamkeit geleitet wurde, ist die Bankreform mit anerkennenswerther Energie in's Leben geführt. Mit Unterstützung der Reichsbank wird es in nicht ferner Zeit gelingen, die letzten Hemmnisse der Doppelwährung zu beseitigen und die volle Goldwährung zu verkünden. Und dann wird Deutschland zu den wenigen Staaten gehören, welche sich eines durchaus consolidirten, und allen Metall- und Creditschwankungen trotzenden Umlaufssystems erfreuen.

Die Beschwerden, welche die agrarisch-conservative Presse gegen die Papiergeldwirthschaft, die Ausbeutung des Volks durch die Privatzettelbanken, die Banknotenprivilegien u. s. w. noch heute erhebt, sind durch die eben skizzirte Gesetzgebung bereits beseitigt. Die Privatnotenbanken sind, soweit sie es nicht überhaupt schon vorgezogen haben, ihre Notenprivilegien aufzugeben, unter scharfe, sie unschädlich machende Bedingungen gestellt. Die durch Metall nicht gedeckten Banknoten, welche über eine bestimmte, den früheren Notenumlauf lange nicht erreichende Grenze hinausgehen, müssen dem Reich 5% Steuer zahlen. Diese Grenze ist in Folge von allerhand localen und particularen Wünschen, die mit den politischen Parteistellungen nichts zu thun hatten, von 340 Millionen Mark schließlich auf 385 Millionen Mark erhöht. Die Reichsbank, welcher von diesem Betrag 250 Millionen zufielen und auf welche die übrigen Banken, die auf das Recht der Notenausgabe Verzicht leisten, dasselbe übertragen können, ist jedem Einfluß der Privatinteressen, auch dem der Besitzer von Bankactien entzogen. Ihr verwaltendes Directorium wird auf Vorschlag des Bundesraths vom Kaiser ernannt; ihre dem Reiche zustehende oberste Leitung wird vom Reichskanzler geübt. —

In den Kreis dieser Gesetzgebung gehört noch das Gesetz vom 8. Juni 1871, betreffend die sogenannten Prämienpapiere, das bei seiner wirthschaftlichen Bedeutung wenigstens kurz berührt werden muß. Es verbietet, daß innerhalb des deutschen Reichs in Zukunft Lotteriepapiere ausgegeben werden, die bei gar keinem oder geringem Zinsfuß das Publikum durch die Chancen großer Gewinne anlocken. Nur auf Grund eines Reichsgesetzes und nur zu Zwecken des Reichs oder eines Bundesstaats sollen solche Prämienpapiere zulässig sein, also thatsächlich gar nicht. Leider war es ohne schweren Eingriff in das Privateigenthum nicht möglich, die vielen Millionen inländischer und noch mehr fremdländischer älterer Lotteriepapiere, die sich bereits im Besitz von deutschen Inhabern befanden, auch zu verbieten. Die Wirkung des Gesetzes ist dadurch wesentlich abgeschwächt worden.

6.

Das Reichspreßgesetz und Anderes.

Bei Abschluß der Verträge mit den süddeutschen Staaten war auch die Presse und das Vereinswesen unter die Gegenstände aufgenommen, auf welche sich die Gesetzgebung des Reiches erstreckt. Diese Erweiterung der Reichsverfassung wurde von den Liberalen sofort benutzt, um auf eine Regelung unserer Preßverhältnisse hinzudrängen. Die Preßzustände in Deutschland waren äußerst buntscheckig: in vielen Staaten galten noch die schlimmen Vorschriften des Bundesbeschlusses vom 6. Juli 1854, in manchen bestanden ältere oder neuere Gesetze, die theils in der Richtung jenes Bundesbeschlusses erlassen waren, theils von ihr abwichen. Auf die preußische Presse drückten der Zeitungsstempel und die Cautionen. Diese Zustände konnten nicht bleiben; die Organe der öffentlichen Meinung, die in ihrer Wirksamkeit nicht auf die Grenzen ihres heimischen Landes beschränkt sind, konnten in ihren Rechten und Pflichten nicht nach dem verschiedenen Maße der einzelstaatlichen Gesetzgebung gemessen werden. Aber der Gegensatz der Ansichten über die zulässige Freiheit der Presse war zwischen Reichsregierung und Reichstag sehr groß. Die Vorlage, welche die erstere endlich 1874 einbrachte, wich von dem Entwurf, der zuvor aus der Mitte des Reichstags hervorgegangen war, sehr wesentlich ab. Indessen gelang es doch, die Gegensätze auszugleichen, und zwar derartig, daß ein erheblicher Fortschritt gegenüber den in dem weitaus größten Theil von Deutschland geltenden Bestimmungen übrig blieb. Das Gesetz vom 7. Mai 1874 hebt das Concessionswesen, wo dasselbe noch bestand, sowie die Befugniß des Richters, auf Entziehung des Rechts zum Gewerbebetrieb zu erkennen, auf und beseitigt die außerordentliche Besteuerung des Preßgewerbes sowie die Cautionsstellung. Der viel besprochene §. 20 der ursprünglichen Vorlage, welcher in das materielle Strafrecht eingriff (Ungehorsam gegen das Gesetz als etwas Erlaubtes oder Verdienstliches darstellen) wurde von der Reichsregierung schließlich aufgegeben. Das Placatwesen blieb der Landesgesetzgebung überlassen. In Betreff der polizeilichen Beschlagnahme konnte die Reichstagsmehrheit zwar nicht durchsetzen was sie wünschte, aber sie erreichte doch, daß die Artikel des Strafgesetzes, auf Grund deren die polizeiliche Beschlagnahme gegenüber der richterlichen ausnahmsweise zulässig bleiben sollte, speciell bezeichnet wurden. Es sind dies die §§. 85, 95, 111 und 130, welche von Aufforderung zum Hoch- und Landesverrath, von der Majestätsbeleidigung, der Aufforderung zu strafbaren Handlungen und der Aufreizung zu Gewaltthätigkeiten der Klassen gegeneinander handeln. In den beiden letzten Fällen wurde die polizeiliche Confiscation jedoch nur dann gestattet, wenn dringende Gefahr besteht, daß bei Verzögerung der Beschlagnahme die Aufforderung oder Anreizung ein Verbrechen oder Vergehen unmittelbar zur Folge haben würde. Die Verantwortlichkeit des Redacteurs ist dadurch geschärft, daß er „als Thäter“ bestraft wird, wenn nicht durch besondere Umstände die Annahme seiner Thäterschaft ausgeschlossen ist. Die Frage des Zeugenzwanges wurde, da man sich darüber nicht verständigen konnte, auf die Justizgesetzgebung vertagt. Er wird, nachdem nunmehr der Redacteur für den von ihm veröffentlichten Artikel mit seiner Person an Stelle des Verfassers eintritt, in Wegfall kommen müssen, sofern es sich nur um das Preßdelict selbst und nicht um andere, damit etwa verknüpfte Vergehen handelt. —

Nur in wenigen Worten mögen an dieser Stelle noch einige Anträge und Vorlagen notirt werden, welche verschiedenen Gebieten angehören. Der Diäten-Antrag, sowie der auf Einführung einer constitutionellen Verfassung in Mecklenburg, wurde in verschiedenen Sessionen bisher erfolglos, angenommen. Das sogenannte Etatsgesetz, welches die Rechte der Volksvertretung bei Uebung der Kontrolle über Einnahmen und Ausgaben regelt, scheiterte bisher an einzelnen, noch unausgeglichenen Punkten, während die Aufstellung der Etats selbst jährlich durchsichtiger gemacht und den Virements innerhalb der großen Titelsummen durch die parlamentarische Beschlußfassung über die Theilpositionen vorgebeugt wurde. Sehr viel Zeit nahm in dem Reichstag von 1875 das Impfgesetz mit seinen Vorschriften über Wiederimpfung in Anspruch. Von allen medicinischen Autoritäten als Schutzmittel gegen die gefährliche Epidemie dringend gefordert, fand es lebhaften Widerstand bei den Parteien, die wie die Socialdemokraten und die Clericalen auf die Wissenschaft wenig Werth legen.

7.
Zölle und Steuern.

Das deutsche Reich ist kein volles Staatswesen, seine eigene Verwaltung ist abgesehen von dem Militär, der Post und der Telegraphie sehr beschränkt, seine Einnahmen bestehen aus den Zöllen und einigen indirecten Steuern und müßen durch die Beiträge der Einzelstaaten ergänzt werden. Diese Matricularbeiträge werden nach der Kopfzahl auf die einzelnen Staaten vertheilt, ohne Unterschied, ob die Bevölkerung aus wohlhabenden Hanseaten oder aus armen Lippeschen Ziegelbrennern und thüringischen Holzhauern besteht. Eine Kopfsteuer sind sie indeß insofern nicht, als der Einzelstaat selbst sie aus den bei ihm bestehenden Steuern aufbringt.

Von den indirecten Steuern trifft eine — die Salzsteuer — ein nothwendiges Lebensbedürfniß und liegt überwiegend auf den ärmeren Volksklassen. Sobald daher nach dem Krieg an Stelle des früheren Mangels in den Reichs- und Staatsfinanzen Ueberfluß trat, war der Versuch berechtigt, die Salzsteuer zu beseitigen oder doch zu ermäßigen. Sie betrug, als 1872 ein Antrag dahin von den Fractionen der Mehrheit eingebracht wurde, 10½ Millionen Thaler. Die Reichsregierung erklärte die Aufhebung der Salzsteuer für an sich wünschenswerth, jedoch erst dann für ausführbar, wenn ein Ersatz geschafft sei.

Von diesem Standpunkt aus, der in Anbetracht der Dürftigkeit der selbstständigen Einnahmen des Reichs ebenfalls berechtigt war, beschäftigte sich der Bundesrath mit der Frage des Ersatzes und faßte außer der Börsensteuer, deren Erträge nur auf 2 Millionen Thaler veranschlagt werden konnten, hauptsächlich den Taback in's Auge. Aber eine bedeutende Erhöhung der Tabacksteuer, die von dem heimischen Producenten vor dem Verkauf seines Products hätte bezahlt werden müssen, würde den Tabacksbau in Baden, der Pfalz u. s. w. wahrscheinlich erdrückt haben. Es erhob sich daher vom deutschen Südwesten her ein heftiger Widerspruch, der die Folge hatte, daß der Bundesrath aus politischen Gründen diese Steuererhöhung fallen ließ und damit auch die Aufhebung der Salzsteuer aufgegeben werden mußte.

Inzwischen wurde der Druck, der auf vielen Kleinstaaten lag, durch das Sinken der Matrikularbeiträge erleichtert. Dieselben verminderten sich in Folge der Ueberschüße, welche durch die höheren Zoll- und Steuer-Erträge entstanden, seit 1872 außerordentlich. Der Gesammtbetrag der Matrikularbeiträge war für die 41 Millionen Einwohner des Reichs 1874 geringer, als er 1869 für die 30 Millionen des Norddeutschen Bundes gewesen war. Er hatte 1869 die Höhe von 23½, und 1874 die Höhe von 22⅓ Millionen Thaler. Auf dieser Stufe haben sich die Matricularbeiträge seitdem, Dank der Thätigkeit des Reichstages, mit kleinen Schwankungen gehalten. Sie betrugen im Jahre 1874 — $67{,}_1$, im Jahre 1875 — $68{,}_9$, im Jahre 1876 — 71 Millionen Mark. Während der Beitrag Preußens 1869 sich auf 19½ Mill. Thaler belief, war er 1874 auf etwa 11 Mill. Thaler herabgegangen. Zur Zeit des Norddeutschen Bundes trafen auf den Kopf der Bevölkerung 23 — 24 Sgr., dagegen seit 1874 nur etwa 17 Sgr.

Indeß die Zoll- und Steuererträge nahmen ab, während der Militäretat stieg und so forderte der Bundesrath für den Haushalt von 1875 eine Erhöhung der Matricularbeiträge bis auf $92{,}_{82}$ Millionen, d. h. um mehr als 25 Millionen Mark. Die Reichstagsmehrheit hat dem Volke diese Ausgabe erspart. Indem sie theils die Ueberschüsse von 1874 für den Haushalt mit verwandte, theils Ersparnisse erzielte, schaffte sie das Deficit weg. Im vorigen Herbst wiederholte sich der Vorgang in einer anderen Gestalt. Diesmal forderte der Bundesrath für den Haushalt des Jahres 1876, zur Deckung des Deficits von 16 Millionen, zwei neue Steuern, die zusammen etwa eben soviel eintragen sollten. Die Reichstagsmehrheit verwarf die Steuern, und richtete den Etat so ein daß er ohne neue Steuern, ohne Erhöhung der Matrikularbeiträge und auch ohne Beeinträchtigung irgend welcher nothwendigen Ausgaben das Gleichgewicht erreichte. Es geschah dies dadurch, daß man die für Bauten bestimmten Reversebestände der Marine, die nicht entfernt hatten verbraucht werden können, nur durch mäßige außerordentliche Bewilligungen vermehrte, daß man die Zinsen einzelner Reichsfonds in den Etat stellte und mehrere Ersparnisse machte. Auf diese Weise hat das Volk innerhalb zweier Jahre 40 Millionen weniger aus seiner Tasche zu zahlen gehabt, als der Bundesrath wollte. Das ist doch kein übles Ergebniß parlamentarischer Controlle und liberaler Finanzwirthschaft. Selbst wenn das Gleichgewicht im Etat für 1877 sich nicht wieder in der bisherigen Weise sollte herstellen lassen, so wird die Bevölkerung im schlimmsten Fall doch erst zwei Jahre später einen Theil der Last zu tragen bekommen, welche ihr die Bundesregierungen für so viel längere Zeit zugedacht hatten.

Die Anregung zu den neuen Steuervorlagen war von der Weimarschen Regierung gekommen, die mit den meisten Kleinstaaten den Wunsch theilte, die Matricularbeiträge zu vermindern. Das beträchtliche Sinken derselben im Vergleich zu den Jahren 1868—72, war den Kleinstaaten deshalb nicht so fühlbar geworden, wie Preußen oder Sachsen, weil die ihnen gewährten Militärnachlässe sich inzwischen von Jahr zu Jahr verringert hatten. Koburg-Gotha z. B. hatte bis 1871 überhaupt nichts, dagegen 1874 92,500 Thaler zu bezahlen, Anhalt und Lippe kamen 1874 beinah auf das Dreifache ihres Beitrags von 1868 u. s. w. Dieser Wunsch der Kleinstaaten fällt in seinem Ziel mit dem nationalen Gesichtspunkt zusammen, das Reich auch in seinen Finanzen selbstständig zu machen. Nur wird man hier eine doppelte Grenze einhalten müssen. Einmal darf im Reich, welches sonstige directe, jährlich von der Volksvertretung zu bewilligende Steuern nicht hat, der variable Posten der Matricularbeiträge aus constitutionellen Gründen zur Zeit nicht verschwinden; und zweitens kann der größte Eifer für selbstständige Einnahmequellen des

Reichs doch unmöglich dazu führen, neue Steuern ohne dringendes Bedürfniß zu bewilligen. Da die Reichstagsmehrheit thatsächlich nachwies, daß der Haushalt sich ohne solche Mittel regeln lasse, so mußten die Steuern fallen. Gegen die Verdopplung der Brausteuer (der Mehrbetrag war auf 9,8 Millionen Mark veranschlagt) lagen auch noch andere Gründe vor, gegen die sogenannte Börsensteuer (auf 6 Millionen Mark von der Regierung veranschlagt) galt nur jener Grund. Denn an sich war die ganz überwiegende Mehrheit und speciell auch die nationalliberale Partei einer Steuer auf Werthpapiere, welche aus dem Auslande zu uns hereinkommen oder im Inland neu emittirt werden, sowie einer Abgabe auf die Schlußzettel für die Umsätze an der Börse durchaus geneigt. Aber solche durch die Zunahme unsrer mobilen Werthe und des Verkehrs mit denselben möglich gewordenen neue Steuern sollen nicht zu den alten hinzutreten, sondern sollen dazu dienen, drückende ältere Steuern zu erleichtern. Deshalb haben grade Redner der nationalliberalen Partei schon seit Jahren gefordert, daß man die gesammte Stempelsteuergesetzgebung an das Reich ziehe, den sehr verschiedenartigen und in Preußen z. B. sehr hohen Immobilstempel (Ein Procent beim Besitzwechsel der Grundstücke und Häuser) ausgleiche und die Erträge der Börsensteuer zu seiner Erleichterung verwende. Dies scheint auch heute die Absicht der Reichsregierung zu sein; die Vorarbeiten zu dem sehr schwierigen Werk einer so umfassenden Reform sind bereits im Gange. In der That ist es für einen Deutschen, der bei dem Erwerb oder der Veräußerung eines Grundstückes von 50,000 Thlr. Werth 500 Thlr. Stempel an den Staat zahlen muß, ein schlechter Trost, wenn man ihm entgegenhält, daß in andern Ländern, z. B. in Frankreich noch viel mehr bezahlt werden müsse.

Eine umfassende Reform unseres Reichssteuersystems ist ebenso noch Aufgabe der Zukunft, wie eine Vereinfachung unseres Zolltarifs auf der Grundlage weniger, einträglicher Finanzzölle, wie der Reichskanzler, sich anlehnend an das englische Vorbild, dies in einer Rede vom vorigen Winter ausführte. Unser deutscher Zolltarif hatte seine letzte Aenderung im Frühjahr 1870 durch das Zollparlament erfahren. Es war damals außer anderen weniger erheblichen Dingen der Zoll für Roheisen auf 2½ Sgr. ermäßigt und zur Ausgleichung der Kaffeezoll erhöht. Um das früher völlig frei eingegangene Roheisen von dem 1844, wie man damals sagte, ganz vorübergehend auferlegten Zoll von 10 Sgr. wieder zu befreien, ist also ein Menschenalter nöthig gewesen. Die Befreiung kam durch den Tarifentwurf der Reichsregierung vom 16. Juni 1873. Dieselbe schlug für das Roheisen und die wesentlichsten Eisenfabrikate, insbesondere die Maschinen, sofortige Aufhebung der Zölle vor und begründete diese auf etwa 3 Millionen Thaler geschätzte Erleichterung der deutschen Eisenconsumenten mit dem immer steigenden Absatz, den die deutsche Industrie im Auslande gewonnen habe, und mit dem dringenden Bedürfniß der Landwirthschaft, den durch die Industrie herbeigeführten Mangel an ländlichen Arbeitern durch möglichst raschen Uebergang zum Maschinengebrauch zu decken. Aber im Reichstag gewann die Rücksicht auf die industriellen Interessen die Mehrheit. Es wurde ein Compromiß abgeschlossen, wonach nur das Roheisen sofort frei werden, für die fabricirten Eisen- und die groben Gußwaaren noch bis zum 1. Jan. 1877 ein ermäßigter Tarif von 10 Sgr. gelten sollte. Die Vertreter der Industrie versicherten, daß, wenn man ihnen diese Uebergangsfrist zugestehe, sie später keine Ansprüche auf Verlängerung erheben würden.

Die bedenkliche Seite des Compromisses war, daß nunmehr der Zeitpunkt der Aufhebung in eine ferne, und in ihren Conjuncturen unbekannte Zukunft gerückt war. Auf den glänzenden Aufschwung der Eisenindustrie folgte die schwere Krisis, in der wir uns noch heute befinden. Folglich gingen bei dem Reichstag im Herbst 1875 zahlreiche Petitionen der industriellen Kreise um Verlängerung der Eisenzölle ein, und sie werden sich im Herbst 1876, wo der Aufhebungstermin vor der Thür steht, wiederholen.

Die Gründe, welche die Reichsregierung in der Sitzung vom 7. September 1875 gegen die Petitionen darlegte, waren auch für die große Mehrheit des Reichstags entscheidend. Die Krisis in der Eisenindustrie wie in der Industrie überhaupt, war nicht auf Deutschland beschränkt, sie trat noch heftiger in Amerika und Belgien auf, die Zustände in England und Oesterreich waren nicht besser als bei uns, selbst in Frankreich lagen sie wenig günstiger. Die Ausdehnung der Krisis über die Länder des Schutzzolles wie des Freihandels bewies, daß sie ihre Wurzel nicht in dem Tarifsystem hatte. In Deutschland war nach dem Friedensschluß ein Bedarf nach Eisen eingetreten, wie niemals zuvor. Die sämmtlichen Eisenbahnen hatten ihr durch den Krieg verbrauchtes Betriebsmaterial ergänzen müssen. Die Bahnen der Reichslande waren gänzlich neu auszurüsten. Die seit 1870 in's Stocken gerathenen Bauten jeder Art nahmen einen plötzlichen Aufschwung. So entstand eine Nachfrage, welche die Preise in die Höhe trieb, und da sie für den Augenblick über die Leistungsfähigkeit der bestehenden Werke weit hinausging und den glänzendsten Verdienst versprach, zur Gründung neuer und zur Erweiterung älterer Anlagen trieb. Wie kolossal diese Erweiterungen waren, kann man an dem einen, gelegentlich im Abgeordnetenhaus von dem Regierungstisch mitgetheilten Beispiel sehen, daß in Preußen jetzt im jährlichen Durchschnitt 400 neue Locomotiven gebraucht werden, während die Etablissements auf den Bau von 1600 eingerichtet sind. Sobald das augenblicklich enorme Bedürfniß befriedigt war, zeigte sich, daß man den Umfang und die Dauer desselben überschätzt hatte, und der Rückschlag trat ein. Die Verluste wurden noch stärker dadurch, daß viele private Werke inzwischen in Actiengesellschaften verwandelt waren und zwar zu Preisen, wie sie höchstens für die immer nur kurze Zeit einer glänzenden Conjunctur gerechtfertigt waren. So mußte denn das viel zu hastig, umfangreich und kostspielig aufgeführte Gebäude wieder zusammenstürzen.

Daß hier der Rest von 10 Sgr. Zoll nicht helfen könne, war umsomehr die Ueberzeugung der Mehrheit, als unsere Eisenindustrie auf den Export angewiesen und der Antheil des Auslandes an unserem heimischen Markt, trotz früherer Zollermäßigungen, verschwindend klein geblieben ist. Konnte man aber der Industrie mit der Verlängerung des Zolles nicht wesentlich helfen, so wurde die Frage um so ernster, ob es gestattet sei, unserer Landwirthschaft noch länger den Zoll auf Maschinen aufzulegen, ihr nach der Vertheuerung der Löhne durch die Industrie, die Beschaffung eines Arbeitsersatzes noch immer zu erschweren. Das glaubte die Mehrheit nicht verantworten zu können. Wer aber die fertigen Maschinen freigiebt, der muß, wenn er das ausländische Fabrikat nicht unnatürlich begünstigen will, auch die Bestandtheile freilassen, aus denen sie im Inland fabricirt werden können, also das Ganze der Eisenzölle in dem Umfang des Gesetzes vom 7. Juli 1873 aufgeben.

Dies und keineswegs eine Unterschätzung der traurigen Lage unserer Industrie oder ein Mangel an gutem Willen ihr zu helfen, war der Grund, daß der Reichstag über die Petitionen zur Tagesordnung überging.

Die Verlängerung der Eisenzölle würde einen einzelnen Industriezweig auf Kosten der Landwirthschaft, des Handwerkes und aller Consumenten ohne Wirkung für ihn selbst begünstigen, die Aufhebung des Zuschlages von 20% zu den Eisenbahnfrachten dagegen wird der Eisenindustrie wirksam helfen, und zugleich allen Transportinteressenten wie den Consumenten nützen. Der Zuschlag wurde am 11. Juni 1874 vom Bundesrath aus Gründen zugelassen, die heute hinfällig geworden sind. Die Kohlen- und Eisenpreise, die hohen Arbeitslöhne, die enorme Steigerung der Betriebsausgaben — das Alles hat aufgehört, folglich muß auch der Zuschlag aufhören. Ferner aber werden die Handelsverträge, von denen zunächst der mit Oesterreich in Frage kommt, als Handhabe dienen müssen, um unsere Nachbarn zur Verminderung der Schwierigkeiten zu bewegen, welche sie unserem Export entgegenstellen. Es gilt das von den französischen acquits à caution, wie von der Ungleichheit zwischen dem Zoll und der Steuer, durch welche die Großgrundbesitzer Englands den ausländischen Spiritus zu Gunsten ihres eigenen Fabricats oder des ihrer Pächter benachtheiligen. Auch ein so entschiedener Vertreter des Freihandels, wie Minister Delbrück, hat in jener Verhandlung vom 7. Dec. 1875 keineswegs den Standpunkt abgewiesen, daß wir unbilligen Nachbarn gegenüber auch unsererseits Ausnahmen machen. In den Verhandlungen über die Handelsverträge muß die Gesammtheit der Interessen wie die Macht der verhandelnden Nation zum Ausdruck kommen, und da ist allerdings unsere Stellung wirthschaftlich und noch mehr politisch heute eine günstigere, als sie 1862 bei dem Abschluß des französischen Handelsvertrags war. —

Auch in Preußen ist das Steuersystem, wie es durch die Gesetzgebung von 1818 gestaltet und später, insbesondere 1860 durch die Ausgleichung der Grundsteuer und die Einführung der Gebäudesteuer weiter ausgebildet war, in seinen Grundlagen unverändert geblieben. Aber es gelang doch, eine wirthschaftlich schlechthin verwerfliche Steuer, die auf Brot und Fleisch, als Staatssteuer bei Seite zu schaffen, und andere sehr erhebliche Erleichterungen der ärmeren und der mittleren Volksklassen durchzuführen. Die Beseitigung der Mahl- und Schlachtsteuer war verbunden mit der Reform der Klassen- und Einkommensteuer, die jene ersetzen sollten. Der Hauptzweck der ganzen Veränderung war, jene unwirthschaftliche Steuer abzuschaffen, an Stelle der nach allgemeinen Standes- und Berufsmerkmalen abgeschätzten Klassensteuer eine gleichmäßige Einschätzung nach dem Einkommen zu setzen, die untersten Stufen der Bevölkerung gänzlich zu befreien, die zunächst folgenden zu erleichtern, dagegen die reichen Stände stärker als bisher heranzuziehen. In dem Jahre 1872 kam es über die Ausführung dieser Idee zwischen Regierung und Abgeordnetenhaus zu keiner Verständigung, in dem folgenden Jahre gelang dieselbe vorzugsweise dadurch, daß der Finanzminister die Fixirung der Gesammtsumme der Klassensteuer auf 11 Millionen Thaler zugestand. Erst durch diese Fixirung, die gegenüber den nachgiebigen conservativen Elementen des Hauses, welche $1\frac{1}{2}$ Procent jährlichen Zuwachses zugestehen wollten, von der Mehrheit festgehalten wurde, war die Sicherheit gegeben, daß die Befreiung oder Erleichterung der unteren Volksklassen nicht durch einen höheren Ansatz ihres Einkommens oder durch stärkere Heranziehung der mittleren Volksschichten illusorisch gemacht wurde. Da der Staat jetzt von sämmtlichen Steuerpflichtigen unter 1000 Thaler Einkommen nicht mehr als 11 Millionen Thaler Klassensteuer erheben darf, so hat er kein Interesse daran, die Einzelnen oder ganze Klassen emporzuschrauben. Die steigende Anzahl oder die wachsende Wohlhabenheit der Steuerpflichtigen kommt nicht mehr ihm zu Gute, sondern hat die Folge, daß sämmtliche Schultern etwas leichter zu tragen und von jedem Thaler Steuer einen bestimmten Theil weniger zu zahlen haben. Durch die Reform sind etwa $3\frac{1}{4}$ Millionen, die bisher 15 Sgr. bezahlten, Tagelöhner, gewöhnlich gelohntes Gesinde, ganz kleine Gewerbtreibende und Grundbesitzer, die von Lohnarbeit leben und deren Einkommen unter 140 Thaler geschätzt ist, von der Klassensteuer ganz befreit und die Stufen zwischen 140 und 550 Thaler erheblich geringer gesetzt. Dagegen sind die vermögenden Klassen über 1000 Thaler Einkommen statt in 30 in 40 Stufen getheilt, um die Steuer dem steigenden Einkommen schärfer anzupassen, und während früher über 7200 Thlr. Steuer überhaupt nicht entrichtet zu werden brauchten, ist jetzt jene Maximalgrenze aufgehoben, und die großen Vermögen haben die vollen drei Procent von ihren Jahresrevenüen zu bezahlen.

Diese Reform, die nach unten erleichtert, nach oben in gerechter Weise belastet, ist einer der zahlreichen Gegenbeweise gegen die unwahre Behauptung, daß die Liberalen das Großcapital begünstigt hätten. Der Erlaß an der Klassensteuer kostete dem Staat 7,248,000 Mark; die Beseitigung der Mahl- und Schlachtsteuer und ihre Ersetzung durch die Klassensteuer hatte einen Ausfall von 1,313,000 Mark*), die gesammte Reform also eine Steuererleichterung von etwa $8\frac{1}{2}$ Millionen zur Folge. Die Gesammtheit der sonstigen Erleichterungen des Landes

*) In der Broschüre: „Die Agrarier, was sie versprechen und was sie sind", Berlin, bei G. Reimer. S. 21. ist in Folge eines Druckfehlers $1\frac{3}{4}$ Mill. Mk. statt $1\frac{1}{2}$ Millionen gesagt.

durch Aufhebung verschiedener Stempelsteuern, des Chausseegeldes auf Staatsstraßen u. s. w. ist in der Schrift: „die Agrarier, was sie versprechen und was sie sind“, einzeln nachgewiesen. Sie stellt sich im Ganzen auf 31½ Millionen Mark. Man darf nicht vergessen, daß sich nach dem französischen Krieg an den preußischen Staat, wie überhaupt an die deutschen Einzelstaaten eine Reihe lange vernachlässigter Pflichten herandrängten. Er hatte viele Millionen mehr auszugeben, um die Dürftigkeit der Beamtengehälter mit den gesteigerten Lebensmittelpreisen einigermaßen auszugleichen, um das sehr im Argen liegende Unterrichtswesen zu heben, um für die viel zu wenig gepflegten Landesculturzwecke besser zu sorgen. Diese höchst dringlichen und für den Fortschritt der Gesammtheit segensreichen Ausgaben legten dem Abgeordnetenhaus in der Forderung von Steuerermäßigungen nothwendig Schranken auf. —

8.

Gesetz zum Schutze der Gewerbe und zur Förderung des Arbeiterstandes.

Es ist ein unbegründeter Vorwurf, daß die neue wirthschaftliche Gesetzgebung von dem Gedanken des sogenannten Mancheresterthums geleitet worden sei. Sie hat die Fesseln des mittelalterlichen Gewerbewesens, so weit es nicht längst abgestorben war, zersprengt, sie hat die geschlossenen Zünfte, die Privilegien und Bannrechte, die Verkehrsschranken und Polizeichicanen der Vielstaaterei beseitigt, aber keineswegs hat sie die freigewordenen wirthschaftlichen Kräfte willkührlich und gesetzlos schalten lassen. Wer dem Grundsatz huldigt, daß in dem gewerblichen Leben der Staat überhaupt nicht regelnd und ordnend einzugreifen habe, daß der Einzelne sich allein helfen und vorwärts bringen, die freie Concurrenz alle Schäden heilen und allen Fortschritt bewirken müße, der schafft weder Gesetze, wie das Marken- und Musterschutzgesetz, noch fördert er die technischen Schulen und die Fortbildungsanstalten, noch endlich regelt er das Hilfscassenwesen der Arbeiter oder die Verpflichtung der Unternehmer, für die in ihren Werkstätten geschädigten Arbeiter zu sorgen. Nachdem während der kurzen Lebensdauer des norddeutschen Bundes 1867—1870 die Gesetzgebung sich vorzugsweise *negativ* gehalten hatte, weil mit den alten Polizeischranken, die den Einzelnen an der freien Benutzung seiner Kräfte, an der Wahl des Wohnorts, der Niederlassung, an der Ehestiftung zu hindern suchten, weil mit den verfallenen Trümmern des alten Zunftwesens schlechterdings nichts zu machen war als sie hinwegzuräumen, wurde 1871 der Zug der Gesetzgebung positiv, obwohl selbstverständlich Regierung und Parlament die sehr verschiedenartigen, noch in Gährung begriffenen Ideen nicht sofort ins Leben führen können, die heute nach neuen Formen und Organisationen unserer Gewerbe hinstreben. All die lärmenden Gegner des liberalen Wirthschaftssystems ignoriren entweder diese positiven Fortschritte oder sie vergessen, daß man unreife, wenn auch noch so wohlgemeinte Organisationsvorschläge nicht sogleich in Gesetze umwandeln kann, oder die Summe ihrer Weisheit besteht darin, daß wir in die alte Zunftverfassung, das alte Prüfungswesen, die alten Ausschließungsrechte d. h. die „umfriedete" vor der Concurrenz geschützte Arbeitsordnung wieder zurückkehren müßten. Auf politischem Gebiete sind die Begriffe allmählich so klar geworden, daß Niemand es mehr wagen kann, die directe Rückkehr zu feudalen Zuständen, zur Herrschaft eines privilegirten Standes über die übrige Bevölkerung, zu empfehlen. Auf gewerblichem Gebiet aber sind die Vorstellungen noch so unklar, daß einzelne Agitatoren unter vieldeutigen, in ihrem Sinn nur halbverstandenen Redensarten wirklich die Rückkehr zur mittelalterlichen Zunft dem Handwerkerstand als Heilmittel anpreisen können. Die gewerbliche Freiheit und überhaupt der Aufschwung unseres Geschäftslebens, der Antheil an dem Weltmarkt ist bei uns sehr viel jünger als in England oder Frankreich. Aus dieser Jugend erklärt es sich wohl, daß die Begriffe von geschäftlicher Solidität noch nicht überall so feststehen, wie es bei Völkern von älterer Cultur der Fall zu sein pflegt. Der Staat ist der Befestigung dieser Begriffe jetzt durch schützende Gesetze zu Hülfe gekommen. Das im Jahre 1874 beschlossene Markenschutzgesetz verbietet die Nachahmung der eingetragenen Waarenzeichen anderer Häuser und stellt die unehrliche Handelsweise, welche die eigenen schlechten Waaren unter fremder Flagge einzuführen sucht, unter Strafe. Indem es die industrielle Anonymität aufhebt, schärft es das Gefühl der Verantwortlichkeit, und zwingt auch die schlechteren Elemente in der industriellen Welt sich allmählich auf eine höhere Stufe von Ehrenhaftigkeit zu erheben. Die Schwierigkeit bei dem Gesetz bestand zum Theil darin, daß vereinzelte ältere Einrichtungen Schonung beanspruchten. In Folge davon wurde seitens des Reichstags dem Begriffe des Marken- oder des Waarenzeichens ein weiterer Spielraum gegeben, als in dem ursprünglichen, nach östreichischem Muster gefertigten Entwurfe beabsichtigt war. Die Erfahrung muß zeigen, ob hier nicht etwas zu weit gegangen ist. Jedenfalls hat sich die Prophezeiung der Gegner, daß unsere Industriellen von dem Gesetz keinen Gebrauch machen würden, durchaus nicht bestätigt.

Noch bedeutsamer ist das Musterschutzgesetz vom Januar 1876, welches gleichzeitig mit dem nunmehr einheitlich geordneten Gesetz zum Schutz der bildenden Künste und mit dem für photographische Werke zu Stande kam. Dadurch wurde eine Frage gelöst, welche schon 1870 bei Berathung des Autorengesetzes aufgeworfen war, aber wegen mangelnder Vorbereitung des ganzen Stoffs damals nicht beantwortet werden konnte. Man behauptet heute: „unsere Industrie arbeite billig aber schlecht", und unsere tüchtigsten Industriellen haben seit den Weltausstellungen von Paris, London und Wien die Klage erhoben, daß wir an Geschmack und Kunstfertigkeit hinter andern Nationen zurückständen. Als Hauptgrund dieses Zurückbleibens bezeichneten sie den Mangel eines Musterschutzgesetzes. Denn während der Fabrikant in Frankreich, England, Oesterreich u. s. w. geschickte Zeichner und Modelleure anstelle, auch die eigentlichen Künstler mit Entwürfen beauftrage, weil das Gesetz ihm eine Zeitlang die ausschließliche Ausbeutung des Musters und dadurch Ersatz für die gezahlten Honorare gewähre, könne der deutsche Fabrikant gar keine Kosten auf das geschmackvolle Muster und auf die schöne Gestaltung seiner Waare verwenden, weil das erste im Laden aufgestellte Stück sofort straflos nachgeahmt und in schlechteren Stoffen verbreitet werde. Daher sei der einst in der Kunstindustrie so hervorragende deutsche Gewerbestand so weit heruntergekommen, daß er nur noch die ausländischen Moden, Muster und Formen nachahme und nichts Eigenes und Selbstständiges mehr zu schaffen vermöge. — Diese durchaus allgemeine Beschwerde ist jetzt gehoben. Das Gesetz gewährt nunmehr jedem eingetragenen Muster nach der Wahl des Fabrikanten einen Schutz von 1—3 Jahren; im Interesse der eigentlichen Kunstindustrie ist eine Verlängerung dieser Frist bis auf 15 Jahre mit nur wenig gesteigerten Gebührensätzen zugestanden. Die Schwierigkeit des, in der Commission erheblich veränderten und zwar zu Gunsten der einheimischen Production im Gegensatz zur fremden, umgearbeiteten Gesetzes bestand darin, daß es gleichzeitig das dürftigste Calikomuster wie die werthvollsten Erzeugnisse der Kunstindustrie umfaßte. Gewiß ist es richtig, daß das Musterschutzgesetz allein unsern Fabrikaten nicht plötzlich geschmackvolle und edle Formen geben kann. Dazu gehört auch ein Publikum, welches die schönere aber theurere Arbeit bezahlen kann und will, also die Verbreitung der Wohlhabenheit und des guten Geschmackes, sowie die Heranbildung von kunstsinnigen Kräften durch Zeichnenschulen, Gewerbemuseen, vaterländische Ausstellungen. Die jetzt in München veranstaltete Ausstellung, die in Zukunft alle vier Jahre abwechselnd in Nord und Süd wiederholt werden soll, ist für die Entwicklung des heimischen Formen- und Geschmackssinns mehr werth, als all' die internationalen Paradeausstellungen, deren Wirkung nur auf die Zerstörung jeder nationalen Eigenthümlichkeit hinauskommen kann, und auf die unsere Regierungen sowohl wie unsere Industriellen aus falscher Eitelkeit bereits viel zu viel Geld und Mühe verwendet haben.

Der Kreis dieser Gesetze muß durch ein deutsches Patentschutzgesetz vollendet werden, da die bisher geltenden Bestimmungen über den Erfinderschutz, zumal in Preußen, durchaus nicht genügen. Wie die geistige Arbeit, welche auf die Schaffung schöner Muster und Formen verwandt wird, nicht jedem elenden Nachahmer preisgegeben werden darf, so auch nicht die Erfindungskraft, welche die Technik der Gewerbe zu vervollkommnen weiß. In dem einen wie in dem andern Fall handelt es sich darum, der unehrlichen Ausbeutung fremder Fähigkeit und Mühe entgegen zu wirken und zu verhindern, daß die geschicktesten Techniker in's Ausland gehen und wir in der Vervollkommnung unserer Fabrikation auch nach der technischen Seite in Rückstand kommen. Der deutsche Patentschutzverein hat sich um die Vorbereitung dieser dringenden Reform bereits sehr verdient gemacht und es ist kein Zweifel, daß sie binnen Kurzem durchgeführt werden wird. —

Die Verhältnisse zwischen den Arbeitgebern und Arbeitnehmern wurden durch einen Gesetzentwurf berührt, der in den Jahren 1873 und 1874 den Reichstag beschäftigte und den wir kurzweg das Contractsbruchgesetz nennen wollen. Der Entwurf bestand aus zwei, äußerlich wenig zusammenhängenden Theilen. Der Eine betraf die Bildung von Gewerbegerichten, vor denen die Streitigkeiten der selbstständigen Gewerbetreibenden mit ihren Gehilfen entschieden werden sollten, der Andere die kriminelle Bestrafung der widerrechtlichen Verlassung oder Verweigerung der Arbeit. Was den ersteren Punkt betrifft, so glaubte man in ihm eine Versöhnung zu finden für die scheinbare Härte des letzteren. Denn die gewerbliche Gerichtsbarkeit, direct durch die Gemeindebehörde oder indirect kraft Gemeindebeschlusses in einer Art von Schiedsgericht geübt, war in der Gewerbeordnung nur angedeutet und stieß in der Ausführung auf Schwierigkeiten. Die Vorlage bezweckte Gewerbegerichte aus einem zum Richteramt befähigten Beamten als Vorsitzenden und zwei Beisitzern zu bilden, je einem Arbeitgeber und Arbeitnehmer, die aus einer durch die Gemeindevertretung hergestellten Liste entnommen werden sollten. Aber die Aussicht auf die allgemeine Regelung der Frage der Gewerbegerichte durch die Justizgesetze war der Grund, daß das überlastete Haus von der Berathung der Angelegenheit und der Vorschläge seiner Commission Abstand nahm. — Ueber die strafrechtliche Behandlung des Contractbruchs waren die Ansichten innerhalb der Liberalen getheilt. Die große Mehrheit derselben sowie der Commission war einig über die Gefährlichkeit des Uebels, aber über die Heilmittel gingen die Ansichten auseinander. Daß es sich um ein Ausnahmegesetz handele, mußten auch die Vertheidiger der kriminellen Bestrafung zugestehen, aber sie konnten darauf hinweisen, daß ungewöhnliche Nothstände, wie sie durch die socialistische Verführung hervorgetreten seien, auch ungewöhnliche Mittel zur Wiederherstellung der gestörten öffentlichen Ordnung erheischten, und daß man selbst in dem freien England sich nicht gescheut habe, dem Mißbrauche der Koalitionsfreiheit durch sehr scharfe Strafen entgegenzutreten. Wenn die Frage 1874 nicht gelöst wurde, so lag dies wohl vorzugsweise daran, daß mit dem Aufhören der fieberhaften Production und der Nachfrage nach Arbeitskräften um jeden Preis, auch die mit Contractbruch verbundenen Strikes wenigstens als Massenkrankheit nachgelassen hatten. Aber unumgänglich ist es, daß wir die Coalitionsfreiheit mit Schranken umgeben, durch welche die Sicherheit der nicht strikelustigen Arbeiter hergestellt, das Vermögen der Arbeitgeber vor frivoler Beschädigung geschützt, und das öffentliche Interesse gewahrt wird, welches durch den, auf ganze Industriezweige sowie auf die Landwirthschaft zerstörend wirkenden dolosen Contractbruch schwere Schädigung erfährt. —

Manche andere Maßregeln kamen in der Mitte der Commission, wie in anderen Commissionen des Reichstages zur Heilung gewerblicher Mißstände zur Sprache. So die ernste Frage der Reform unsers Lehrlingswesens, von deren Lösung die Hebung unsers Handwerks hauptsächlich abhängt, ferner die Wiedereinführung von Arbeitsbüchern, die Bedenken gegen die Hausirfreiheit, endlich die Einschränkung der Frauen- und Kinderarbeit und die Wirkung einer solchen Einschränkung auf einzelne gewerbliche Zweige, z. B. auf die Glasindustrie. Diese Fragen konnten gesetzgeberisch noch nicht beantwortet werden, weil es bisher an der sicheren Grundlage des statistischen Materials fehlte, und weil die Reichsregierung das Ergebniß verschiedener Enqueten abwarten wollte, welche auch jetzt bereits zum Theil im Gange sind. Die Uebel, welche in unsern Handwerkerversammlungen hervorgehoben und von den Agitatoren der conservativen Partei auf falsche Ursachen zurückgeführt werden, erkannten auch die gesetzgebenden Faktoren sehr wohl, nur genügen vor diesem Forum die allgemeingehaltenen und unklaren Redensarten nicht, mit denen man die Uebel zu heilen verspricht. —

Einige wichtige Materien sind noch zu Gunsten des Arbeiterstandes in Angriff genommen. Zunächst ist 1871 ein Gesetz erlassen, welches die Eisenbahnen, Bergwerke, Fabriken zu Schadenersatz verpflichtet, wenn durch die Schuld ihrer Leiter, Aufseher und Beamten ein Arbeiter getödtet oder verletzt wird. Dieses sogenannte Haftpflichtgesetz ist allerdings nur ein Stückwerk, es umfaßt nur einen Theil der Unternehmungen, bei denen Arbeiter beschäftigt sind. Die Baugewerbe, den landwirthschaftlichen Maschinenbetrieb u. s. w. berücksichtigt es nicht. Aber es trifft doch diejenigen Gewerbszweige, auf welche weitaus die Mehrzahl der verunglückten Arbeiter fällt, und es spricht mit gewissen Unterscheidungen in Betreff der Beweislast, welche durch die Natur der Dinge gerechtfertigt sind, den Grundsatz aus, daß die großen Unternehmungen auch für den Schaden aufzukommen haben, welche nicht ohne ihr Verschulden die bei ihnen beschäftigten Arbeiter und deren Familien trifft. Es ist ein Gesetz, welches nicht aus weichlicher Humanität, sondern aus dem einfachsten Gerechtigkeitsgefühl hervorgeht, und welches in Zukunft auf die nicht getroffenen Gewerbszweige erweitert und — was die Erstreitung des Entschädigungsanspruchs betrifft, von den heutigen Schwerfälligkeiten des Prozeßganges befreit werden muß. Wer Leben und Gesundheit anderer Menschen für seinen Erwerb in Dienst nimmt, muß auch den ihnen in diesem Dienst, ohne ihr Verschulden, zustoßenden Schaden decken. —

Ebenfalls sehr wichtig für den Arbeiterstand ist die Regelung des Hülfscassenwesens, die in diesem Winter zu Stande gekommen ist und einem wahren Nothstand der Gemeinden wie der arbeitenden Klassen abgeholfen hat. Die Materie schwebte zwischen Zwang und Freiheit. Das Zwangssystem hatte sich nicht bewährt, die Zwangscassen litten an heillosen Mißständen oder gingen bankerott. Die freien Kassen konnten sich wegen der allgemeinen Rechtsunsicherheit nicht entwickeln. Hier vermochten nur Normativbestimmungen zu helfen.

Jetzt ist die Sache so geregelt, daß der Arbeiter seine Mündigkeitserklärung in seiner eigenen Hand hat, und daß dem Zwangssystem noch eine bestimmte Frist als Uebergangszeit zur Freiheit gegönnt ist. Bei der Reichsregierung sowohl wie bei der Mehrheit des Reichstags war die Besorgniß groß, die Hülfscassenfreiheit könne von den extremen Parteien zur Bildung gefährlicher und uncontrollirbarer Verbindungen mißbraucht werden. Die Freunde des Hülfscassenwesens kamen dieser Stimmung bereitwilligst entgegen. Während sie den förderlichen und sittlich hebenden Zusammenhang zwischen den Arbeitervereinen und den Hülfscassen nicht aufgeben mochten, verschärften sie dagegen die administrative Controlle. Nur bemühten sie sich mit glücklichem Erfolg, an die Stelle der büreaukratischen Aufsicht die Aufsicht der Gemeinden oder der größeren Communalverbände zu setzen, und das Verwaltungsgericht zur Entscheidung herbeizurufen. Den Vereinen ist nunmehr freigestellt, Cassen für ihre Mitglieder zu bilden; dem Vereinsterrorismus aber ist durch einschränkende Maßregeln vorgebeugt. Die Zahlungsfähigkeit der Casse wird controllirt und das Interesse des Einzelnen dabei möglichst gewahrt. Wohlweislich beschränkt sich das Gesetz auf die einfachste und verbreitetste Form der Arbeiter-Hülfskassen, nämlich auf die Krankencassen mit Sterbegeld und einigen kleinen Zusätzen. Erst nach reiferer Erfahrung und bewährterer Anwendung der Versicherungswissenschaft auf die Arbeiterstatistik wird man zu Invalidencassen u. s. w. vorschreiten können. Schwierig waren die Detailfragen, z. B. die Betheiligung der Arbeitgeber. Nach dem Wunsch aller betreffenden Kreise wurden die Handwerksmeister von der Beitragspflicht entbunden. Den beitragenden Fabrikanten wurde ihr Antheil an der Verwaltung so bemessen, daß sie für sich allein keine Mehrheit bilden und die Verwaltung nicht an sich reißen können. Für eine Errichtung verzweigter, über große Gebiete sich erstreckender Hülfscassen ist in dem Gesetz Raum gelassen. — Die ganze Gestaltung der erwähnten Gesetze ist abermals ein Beweis dafür, wie wenig die liberale Partei daran denkt, die Interessen des Capitals, in diesem Falle der Fabrikanten, einseitig zu vertreten, und wie ihr Ziel vielmehr ist, mit unbefangener Gerechtigkeit allen Volksklassen zu gewähren, was sie billiger Weise beanspruchen können.

9.

Eisenbahn- und Verkehrswesen.

Das Bewußtsein, daß die Eisenbahnen öffentliche Verkehrsstraßen sind, ist in den Mittelstaaten lebendiger gewesen als in Preußen. Jene haben ihre Bahnen meist aus Staatsmitteln hergestellt und soweit dies nicht der Fall war, neuerdings durch Ankauf der Privatbahnen ihr Netz abgeschlossen. Preußen dagegen ging zwar in dem Gesetz von 1838 von richtigen Grundgedanken aus, überließ aber, weil seine Regierung vor dem Erlaß der versprochenen Verfassung keine Anleihe aufnehmen konnte, bis 1848 den Bahnbau ausschließlich den Privatgesellschaften. Später unter dem Handelsminister v. d. Heydt baute der Staat und traf Einrichtungen, um die Privatbahnen allmählich zu erwerben. Aber mit 1859 trat eine Wendung ein; in der Conflictszeit waren Anleihen auch für productive Zwecke unmöglich, so daß erst wieder 1867/68 und dann nach dem französischen Krieg von 1872 ab große Credite für Bahnen ausgeworfen wurden. Bis dahin überwogen die Privatunternehmungen und leider nicht blos solide, sondern auch unsolide. Es wurde das System der Generalentreprise erfunden, d. h. die finanzielle Controlle über den Bau hörte auf. Die Finanzleute, welche das Geld zusammen zu bringen hatten, zeichneten zum Schein und wurden die Figuranten des Bauunternehmers, der in Actien bezahlt wurde und bezahlte, und sich für den Kursverlust durch die Höhe der Anschläge oder durch die Schlechtigkeit der Ausführung entschädigte. Natürlich daß der Betrag der Actien und Prioritäten über den reellen Bahnwerth weit hinausging, ein Verhältniß, das nur so lange nicht heraustrat, als die Zinsen aus dem Baukapital bezahlt wurden. Auch politische Persönlichkeiten bewarben sich um Eisenbahnconcessionen und leider geschah dies nicht immer blos im Interesse der heimischen Provinz und ohne eigenen Gewinn, sondern die Inhaber der Concession ließen sich häufig dafür hohe Summen bezahlen. Als dieses System schon Jahre lang in Blüthe stand, war der altconservative Vorgänger des jetzigen Handelsministers noch so ahnungslos, daß er im Abgeordnetenhaus den Ausspruch that: Nur immer mehr Bahnen für das Land, wo sie herkommen, ist gleichgültig.

Aber es zeigte sich bald, daß dies doch nicht so gleichgültig sei, sondern daß die Unternehmungen solcher Art unsern Mittelstand um viele Millionen seiner Ersparnisse brachten. Es war das Verdienst eines hervorragenden Mitgliedes der nationalliberalen Partei, daß diese Uebel schon im Anfang des Jahres 1873 aufgedeckt und das Publikum wenigstens von da ab gewarnt wurde. Vor der Königlichen Untersuchungscommission, die in Folge der Erörterungen im Abgeordnetenhause aus Vertretern der Regierung wie der beiden Häuser des Landtages niedergesetzt ward, erwiesen sich die behaupteten Thatsachen als wahr; aber schwieriger als diese Darlegung der Mißstände war es, nun praktische Vorschläge zur Reform des Eisenbahn-Concessionswesens und des Actiengesetzes überhaupt zu machen. In ersterer Beziehung ging eine Vorlage ein, die zu keinem Abschluß führte; was die Reform des Actiengesetzes betrifft, so ist man einig über den Grundsatz einer strengeren Verantwortlichkeit der Gründer, Aufsichtsräthe und Directoren und eines stärkeren Schutzes der Minderheit der Actionäre. Wenn die Agrarier und Conservativen heute solche Forderungen auf ihre Fahne schreiben, so sprechen sie lediglich sehr verspätet nach, was die Liberalen schon seit drei Jahren verlangt haben, und es ist eine Täuschung des weniger unterrichteten Publicums, wenn das Actiengesetz selbst, welches 1870 in einem, seiner Mehrheit nach nicht liberalen Reichstag von einer conservativen Regierung vorgelegt und von sämmtlichen Parteien genehmigt wurde, heute auf das Conto der Liberalen, die Reformabsicht dagegen auf das Conto der Conservativen geschrieben wird. Statt solche Künste zu treiben, sollte man lieber Vorschläge machen, wodurch der sehr leichtgläubige und unbeholfene Mensch, den man im Allgemeinen „Actionär" nennt, in Zukunft vor Schaden besser bewahrt werden kann. An solchen sicher helfenden Vorschlägen fehlt es noch immer. Radical helfen könnte allerdings das Verbot aller Actiengesellschaften. Aber dieses radicale Heilmittel, welches einzelne „Steuer- und Wirthschaftsreformer" anwenden wollen, ist ja in der Berliner Generalversammlung derselben von der großen Mehrheit selbst als unanwendbar zurückgewiesen. — Noch ein anderer, in Folge der aufgedeckten Eisenbahnmißstände von der Regierung eingebrachter Gesetzentwurf, der den Beamten die Theilnahme an Erwerbsgesellschaften untersagen wollte, ist im Herrenhaus, und zwar unter Theilnahme der vorzugsweise conservativen Seite dieses Hauses gescheitert, während er in dem weit liberaler gesinnten Abgeordnetenhaus durchgegangen, ja verschärft worden war.

Mit dem Erstarken der Staatsidee nach den Kriegen von 1866 und 1870, trat auch das Staatsinteresse an den großen Verkehrsanstalten wieder hervor. Es wurden 1867/8 192 Millionen und von 1872 bis 1875 nicht weniger als 613 Millionen Mk. an Crediten für Eisenbahnzwecke bewilligt. Augenblicklich sind 2044 Kilometer Staatsbahnen theils im Bau begriffen, theils zur Ausführung genehmigt. Für Schienen, eiserne Brücken und Betriebsmittel wurden von der Eisenbahnverwaltung im Jahre 1874 etwa 231 Millionen Mark, im Jahre 1875 98 Millionen Mark ausgegeben. Gleichwohl wird über das langsame Vorrücken der Bahnbauten so wie aller Staatsbauten überhaupt geklagt; und die Klage wird auch von ruhigen und sachkundigen Leuten so sehr unterstützt, daß sie nicht ohne Grund sein kann. Worin der Grund eigentlich liegt, ob in der Organisation der Verwaltung oder in dem Mangel an technischen Kräften, ist schwer zu übersehen. Jedenfalls war das allgemein behauptete Uebel einer der Beweggründe, weshalb das Abgeordnetenhaus in der letzten Session seine Aufmerksamkeit unsern technischen Lehranstalten zuwendete, und besonders die Erhebung der Bauakademie zu dem Rang einer wirklichen Hochschule sowie die Vereinigung der verschiedenen höheren technischen Lehranstalten zu einem Polytechnicum verlangte. Im Uebrigen hat das Haus die Regierung in der Vervollständigung und Stärkung des Staatsbahnnetzes eifrig unterstützt. Während die Mehrheit es ablehnte, auf Zinsgarantieverträge einzugehen, die nur den Zweck hatten, privaten Gesellschaften die Fortexistenz möglich zu machen, die Bahnen selbst aber in dem Privatbesitz und Privatbetrieb ließen, ist sie dagegen bereit gewesen, wichtige Linien zu kaufen oder solche Zinsgarantien zu geben, mit deren Gewährung zugleich die Uebernahme der Bahn in Staatsverwaltung sowie die Präliminarien zu einem späteren, unter billigen Bedingungen abzuschließenden Kauf verbunden waren. Zumal war die Bereitwilligkeit dann vorhanden, wenn die Linie selbst ein wichtiges Glied in der Gesammtheit des staatlichen Verkehrsnetzes war.

Preußen ist also auf dem besten Wege, sein Eisenbahnsystem zu consolidiren. Aber vor der Hand ist gerade bei ihm die Verwirrung noch sehr groß, und sie wird durch die Zersplitterung der deutschen Bahnen unter die Souveränetät von 25 Staaten noch gesteigert. Wir haben in Deutschland 63 selbstständig verwaltete Eisenbahnen und 1357 interne und Verbandtarife. Die Einheit unserer Verkehrseinrichtungen ist weit mangelhafter als in Frankreich und England, obwohl in diesen beiden Ländern nur Privatbahnen existiren; denn in Frankreich ist der Einfluß der Staatsgewalt auf die Privatgesellschaften, denen sie ihr Gebiet und den Bau der Linien wesentlich vorgeschrieben hat, sehr viel größer als bei uns, und auch England ist wenigstens in ein rationelles System großer Bahngruppen gegliedert. Eine größere Einheit unseres Verkehrswesens, des Baues, der Ausrüstung, des Betriebes und des Tarifs, muß also unbedingt das Ziel unserer Bestrebungen für die nächsten Jahre sein.

Die Reichsverfassung, welche zu den Aufgaben des neuen Reichs die Pflege der Wohlfahrt des deutschen Volks rechnet, enthält in Artikel 41—47 werthvolle Bestimmungen über die Einheit unsers Eisenbahnverkehrs. Sie verpflichtet die Bundesregierungen, ihre Bahnen wie ein einheitliches Netz verwalten zu lassen und trägt dem Reich auf, demgemäß für übereinstimmende Betriebs-Einrichtungen, für einen Sicherheit gewährenden baulichen Zustand, für die Ausrüstung mit dem erforderlichen Material, für ineinandergreifende Fahrpläne, endlich für eine möglichste Gleichmäßigkeit und Herabsetzung des Tarifs zu sorgen.

Aber diese Bestimmungen blieben unwirksam, weil es dem Reich an jedem Organ fehlte, um sie in's Leben zu führen. Sowohl der norddeutsche wie der volle deutsche Reichstag drängten auf ihre praktische Durchführung. Wiederholt wurden Anträge auf Erlaß eines Eisenbahngesetzes gestellt und angenommen. Im Jahre 1873 ging aus der Initiative der Reichstagsmehrheit ein Gesetz hervor, welches in dem Reichseisenbahnamt ein Organ zur Durchführung der Verfassungsartikel schuf. Es sollte als ständige Centralbehörde die Aufsichtsrechte des Reichs wahrnehmen, die Abstellung der Mißstände bewirken, das Reichseisenbahngesetz und die Tarifreform vorbereiten. Wenn gegen seine Anordnungen sich Widerstand erhübe, sollte es, durch richterliche Beamte verstärkt, als Collegium über den Streitfall entscheiden. Das Reichseisenbahnamt ist jetzt fast drei Jahre in Thätigkeit, hat Enqueten über die Tarifreform u. s. w. veranstaltet, zwei Eisenbahngesetze entworfen und mit Commissarien hervorragender Bundesregierungen berathen — aber es ist überall auf hartnäckigen Widerstand gestoßen, und das Chaos des deutschen Eisenbahnwesens ist bis jetzt auch nicht in einem einzigen Punkt geordnet. Als es sich im Jahre 1874 um die Frage des Zuschlags zu den Frachtsätzen handelte, entschied das Interesse der Bahnbesitzer, der Einzelstaaten wie der Privatgesellschaften, und das Votum des preußischen Handelsministers war viel durchschlagender als die Meinung des Reichseisenbahnamts. Die Eisenbahngesetzentwürfe wurden von den Einzelstaaten als unerhört zurückgewiesen. Man war der Ansicht, daß das Reich nur bittweise durch Gesuche an die auswärtigen Ministerien in Dresden ꝛc. auf die Eisenbahnverwaltungen der Mittelstaaten einwirken dürfe. Da es Privatbahnen innerhalb dieser Staaten fast nicht mehr giebt, so war es practisch ohne Werth, daß das Gesetz vom 23. Juni 1873 dem Reichseisenbahnamt gegenüber den Privatbahnen dieselben Befugnisse gewährt hatte, wie der Aufsichtsbehörde des Einzelstaats. Es handelte sich außerhalb Preußens nur um die Staatsbahnen und um die Geneigtheit der Regierungen, eine directe und unmittelbar wirksame Aufsicht des Reichs zuzulassen.

Diese directe und wirksame Aufsicht wollten sie nicht zulassen, weder in der Form wie sie der Scheele'sche, noch in der wie sie der Maybach'sche Entwurf verlangte. Aus diesem Mißerfolg aller Versuche, die Zustimmung der Einzelstaaten für ein ernsthaftes Reichseisenbahngesetz und für eine einheitliche Tarifreform zu erlangen, ist der Gedanke einer Verstärkung der Macht des Reichs durch den Erwerb eigener Bahnen, zunächst der preußischen Staatsbahnen hervorgegangen.

Der Gedanke trat im Herbst 1875 sowohl in den Resolutionen des deutschen Landwirthschaftsraths und des Ausschusses des deutschen Handelstags wie in der Enquetecommission für die Tarifreform hervor. Er wurde dem Reichskanzler entgegengetragen durch die Interessen des Handels, der Landwirthschaft und der Industrie, sowie durch die thatsächliche Erfahrung, daß auf dem bisherigen Wege der Verhandlungen des besitzlosen Reichs mit den besitzenden Einzelstaaten nicht weiterzukommen sei.

Der Reichskanzler hat den Gedanken aufgegriffen und den ersten Schritt zu seiner Verwirklichung durch eine Vorlage an den preußischen Landtag gethan. In dieser Vorlage war nichts weiter verlangt, als die Ermächtigung für die preußische Regierung, wegen des Uebergangs ihrer Bahnen an das Reich mit demselben in Unterhandlung zu treten. Es stand nur die Frage in Erwägung: Ist Preußen bereit, seinen Bahnbesitz, wenn Bundesrath und Reichstag im deutschen Interesse ihn zu erwerben wünschen, zur Stärkung der Macht des Reichs abzutreten? Diese Frage konnte die nationalliberale Partei, der die Mehrzahl der Conservativen zur Seite stand, nur mit Ja beantworten. Aber in der Vorlage war nicht davon die Rede, irgend einen der übrigen deutschen Staaten zu dem gleichen Schritt zu zwingen. Das Project der Reichsbahnen kann nicht durch Gewalt, auch nicht durch eine, die mechanische Stimmenmehrheit benutzende Gewalt, sondern nur durch die freie Uebereinstimmung der wichtigsten deutschen Staaten durchgeführt werden.

Was für das Project spricht, ist der Einfluß, den jedes durchgreifende Reichseisenbahngesetz auf die Rentabilität der Bahnen ausübt. Wer die Regeln für die bauliche Sicherheit, für die Betriebseinrichtungen, die Fahrpläne und den Tarif feststellt, der entscheidet zugleich über die Erträge der Bahnen. Geht es nun an, daß das

Reich die Renten fremder Eigenthümer, der Staaten wie der Privatgesellschaften regulirt, oder muß das Reich, wenn es von seinem Gesetzgebungsrecht einen so weitreichenden Gebrauch macht, nicht den Einzelstaaten wie den Privatgesellschaften wenigstens die Möglichkeit bieten, durch die Entäußerung ihres Besitzes an das Reich den voraussichtlichen Schaden zu vermeiden? Nicht die Vergewaltigung, sondern die Schonung ist der eigentliche Sinn des Reichseisenbahnprojectes.

Weil dem so ist, darum hat das Project auch nicht die Wirkung gehabt, die nationalliberale Partei zu spalten, wie die Gegner hofften. Niemand denkt daran, Würtemberg, Baden, Sachsen, oder gar das durch Reservatrechte geschützte Baiern durch ein Reichsgesetz ihres Besitzes zu berauben. Die Ermächtigung, welche die preußische Regierung erbeten und erlangt hat, ist eine Mahnung an die Einzelstaaten, daß sie mit möglichster Bereitwilligkeit die Beschwerden hinwegräumen, welche die deutsche Nation mit Recht gegen die 63 selbstständigen Verwaltungen und die 1357 verschiedenen Tarife erhebt. Es liegt wahrscheinlich in der Hand der Mittelstaaten, welchen Gang die Eisenbahnpolitik des Reichs in Zukunft einschlagen wird. Die nationalliberale Partei in Süd und Nord aber wird durch den großen Gedanken der Reichsverfassung — die Einheit unseres nationalen Verkehrswesens zusammengehalten. Ob als Mittel zur Erreichung dieses Zwecks zuletzt nichts übrig bleiben wird als die Erwerbung der großen durchgehenden Bahnlinien durch das Reich, ist eine Frage die sich heute noch nicht endgültig entscheiden läßt. Sie hat daher auch das Einvernehmen mit unsern Freunden in Süddeutschland durchaus nicht gestört. Auch im Süden wollen die nationalgesinnten Parteien ihr Eisenbahnwesen nicht spröde und particularistisch abschließen, sondern wollen es den Gesetzen unterwerfen, die im wirthschaftlichen Interesse der Gesammtheit nothwendig sind; und im Norden wollen wir ihnen nicht gegen ihren Willen nehmen was ihnen gehört, sondern nur so weit gehen, als sie selbst zur Förderung der Einheit des nationalen Verkehrs zu gehen bereit sind.

Die bedeutenden Fortschritte, welche unser Postwesen in der Erleichterung des Verkehrs, besonders mit dem Ausland gemacht hat, können wir hier nicht eingehend verfolgen*). Sie beruhten auf der

*) Wir verweisen auf den so eben erschienenen, sehr interessanten „Bericht über die Ergebnisse der Reichspostverwaltung" (Berlin bei Decker 1876); für die obige Darstellung ließ er sich leider nicht mehr benutzen.

Initiative des energischen Chefs der Verwaltung, dem auch das Verdienst an dem Zustandekommen des Vertrags vom 9. October 1874, durch welchen der Weltpostverein gegründet wurde, hauptsächlich gebührt. Dieser Verein umschließt mehr als 300 Millionen Menschen, zu denen die civilisirtesten Nationen der Erde gehören. In diesem Gebiet existirt jetzt eine einheitliche Taxe von 2 Silbergroschen für den Brief und von einem halben Groschen für Zeitungen, Drucksachen, Handels- und Geschäftspapiere. Welche außerordentliche finanzielle Bedeutung diese einheitliche und herabgesetzte Taxe für alle Verkehrsinteressenten d. h. für das ganze Volk hat, mag man daraus entnehmen, daß Deutschland schon 1874, als noch die hohe Taxe bestand, mit den Ländern des Weltpostvereins täglich 150,000 Briefe und Drucksachen wechselte. Die Rechtsverhältnisse zwischen der Post und den Eisenbahnen wurden durch das Gesetz vom 20. December 1875 geordnet. Die große Mehrheit des Reichstags war nicht geneigt, die Privilegien zu beseitigen, welche die Post auf Grund ihres alten Regals gegenüber den Eisenbahnen genießt, die ihr zu den reglementsmäßigen Zügen einen Postwagen stellen, Briefe, Geldsendungen und Paquete bis zum Einzelgewicht von 10 Kilo umsonst befördern müssen. In einem Parlament, welches den Charakter einer Interessenvertretung hätte, würden es die Eisenbahninteressenten ganz gewiß durchsetzen, daß die Post dies Privilegium verlöre, d. h. den Eisenbahnen aus dem Säckel des Reichs jährlich eine Anzahl Millionen für die Paquetbeförderung bezahlte. Im Reichstag dagegen überwog das Interesse der Gesammtheit, und man hielt es nicht für unbillig, daß die Eisenbahnen, welche nur auf Grund der Concession des Staats und der erheblichen, von dem letzteren zugestandenen Rechte existiren, auch für die Reichspost, d. h. für das öffentliche Interesse des ganzen Volks die bisherigen Lasten weiter trügen.

10.

Der Kulturkampf. Kirchenpolitische Gesetze im Reichstag und Landtag.

Seit der Entstehung des Reichs war die clericale Partei der Mittelpunkt der Opposition, an den sich alle übrigen feindlichen Elemente, die Polen, die Welfen, die höfischen wie die demokratischen Particularisten, in vielen Fällen auch die Socialisten anlehnten. Was nach Dr. Künzer's Mittheilung die Windthorst und Reichensperger früher selbst für ein

Unglück erklärt hatten, die Bildung einer besonderen katholischen Fraktion, wurde für die Wahlen 1870/71 zur Parole gemacht, noch ehe der erste Reichstag bei der Adreßdebatte die Intervention zur Wiederherstellung des Kirchenstaats und bei der neuen Redaction der Reichsverfassung die Aufnahme der sogenannten Grundrechte zu Gunsten der Selbstständigkeit der Kirche (Art. 15, 16 und 18 der preuß. Verfassungsurkunde) abgelehnt hatte. Die Mobilmachung wurde seitens des Ultramontanismus in dem Augenblick angeordnet, wo das Reich mit protestantischer Mehrheit und dem protestantischen Kaiser an der Spitze errichtet war. Als jener Versuch, das Reich sich nach Außen wie im Innern dienstbar zu machen, gescheitert war, trat das Kriegsverhältniß ein. In dem Kampfe, der nun von Session zu Session sich steigerte, — bis im Jahre 1875 durch die Energie der staatlichen Maßregeln und die Apathie der katholischen Bevölkerung ein Rückgang in der clericalen Bewegung eintrat, — haben Reichstag und Landtag treu und fest auf der Seite des Staats gestanden. Doch bildete sich erst allmählig eine sichere Mehrheit. Denn die preußischen Altconservativen stellten sich auf die Seite des römischen Clerus, bis sie bei den Neuwahlen von 1873/74 durch den Unwillen der Bevölkerung weggefegt wurden. Auf der linken Seite wurden Einzelne durch das Princip „der Trennung der Kirche vom Staat" irregeführt, das abstract aufgefaßt und ohne schützende Specialgesetze das Volk der Priesterherrschaft preisgiebt. Aber sehr bald standen die Nationalliberalen mit der Fortschrittspartei auf der einen und den gemäßigten Conservativen auf der anderen Seite geschlossen zusammen. Diese einmüthige Haltung ist der beste Beweis für die Nothwendigkeit der Politik, die nun eingeschlagen wurde.

Der Clerus ging durchaus provocirend vor. Die Bischöfe suchten den Widerstand, den sie eine Zeit lang in Rom geleistet, durch verdoppelten Verfolgungseifer wieder gut machen. Sie belegten einen Braunsberger Lehrer und die Professoren in Breslau und Bonn — sämmtlich Staatsbeamte — wegen Nichtanerkennung der neuen Unfehlbarkeitslehre mit dem großen Bann. Alle geistlichen Hebel wurden für den politischen Kampf in Bewegung gesetzt. Bei den Reichstagswahlen wurde die Kanzel, namentlich in Baiern, zur Agitation arg gemißbraucht. Die bairische Regierung beantragte daher im Herbst 1871 den sogenannten Kanzelparagraphen (§ 130a des Strafgesetzbuchs), welcher den Geistlichen unter Strafe stellt, der in Ausübung seines Berufs öffentlich und an geweihter Stelle Staatsangelegenheiten in einer den öffentlichen Frieden störenden Weise erörtert. — Gegen den Hauptträger der römischen Kriegspläne, den Jesuitenorden, kehrte sich das Reichsgesetz vom 4. Juli 1872; es schloß den Orden und die ihm verwandten Congregationen von dem Gebiet des deutschen Reichs aus und verordnete die Auflösung seiner Niederlassungen innerhalb sechs Monate. Inzwischen war in Preußen durch die Cabinetsordre vom 8. Juli 1871 die sogenannte katholische Abtheilung des Cultusministeriums aufgehoben, weil dieselbe aus einer Staatsbehörde ein Werkzeug der Hierarchie gegen den Staat geworden war; und im Winter 1871/2 war dem Landtag das Schulaufsichtsgesetz vorgelegt, welches den einfachen, für den landrechtlichen Theil der Monarchie längst gültigen Grundsatz aussprach, daß die Schulen als Staatsanstalten auch ausschließlich unter der Aufsicht des Staats und der von ihm bestellten Organe ständen. Das politische Bewußtsein der damals noch zahlreichen altconservativen Partei war in der traurigen, seit 1840 beginnenden Periode katholisirender Kirchlichkeit den altpreußischen Traditionen so sehr entfremdet, daß sie den leidenschaftlichsten Widerspruch gegen dies Gesetz erhob. Im Abgeordnetenhaus reichten Conservative und Clericale sich die Hand, und nur mit knapper Mehrheit konnte das Gesetz durchgebracht werden. Im Herrenhaus wollte man den Geistlichen zum gebornen Schulinspector machen, nnd nur im äußersten Nothfall die Regierung zur Bestellung eines weltlichen Aufsehers ermächtigen. Dieselben Männer, welche heute an der Spitze der Deutschconservativen und Agrarier stehen, erhoben damals gegen den Kanzler die Anklage, daß er von den conservativen Grundsätzen abgefallen sei. Die Kreuzzeitung erklärte ihm den Krieg, weil er von dem Bedürfniß eines constitutionellen Ministers, sich auf eine Majorität zu stützen, gesprochen hatte. Selbst der Hinweis auf die Provinzen Posen und Schlesien, wo die Geistlichen ihr Aufsichtsamt zur Verdrängung deutscher Sprache und Bildung benutzt hatten, machte auf die Opposition keinen Eindruck.

Eine Regelung des Verhältnisses zwischen Staat und Kirche konnte unmöglich von einem Cultusminister ausgehen, der dem alten, jetzt in seinen schädlichen Folgen zu Tage getretenen System angehörte. Herr von Mühler brachte zwar das Schulaufsichtsgesetz noch ein, wurde aber am 17. Januar 1872 entlassen. Sein Nachfolger Dr. Falk bereitete für die nächste Session nunmehr jene innerlich zusammenhängende Gruppe von Gesetzen vor, welche die Hierarchie so weit beschränken sollte, als es für den confessionellen Frieden, die öffentliche Rechtsordnung und die Einheit der Nation unentbehrlich ist. Der Lärm, welcher gegen die Maigesetze des Jahres 1873 von römischer Seite bis heute erhoben wird, ist begreiflich, denn durch sie ist die souveräne Selbstständigkeit des Clerus in gewisse Grenzen gewiesen; unbegreiflich aber ist es, wie eine Partei, die sich deutsch und conservativ nennt, den Ultramontanen die Revision der Maigesetze heute anbieten kann. Denn dieselben beanspruchen nur einen Theil der Rechte, welche Preußen bis 1848 und welche seit Jahrhunderten jeder selbstständige Staat geübt hat. Das Gesetz über die Begrenzung der kirchlichen Straf- und Zuchtmittel verbietet Strafen, welche gegen Leib, Vermögen, Freiheit und bürgerliche Ehre gerichtet sind, verweist die Kirche für ihre Disciplin auf das rein religiöse Gebiet und stellt auch hier die Bedingung, daß die an sich zulässigen Zuchtmittel nicht zu politischen Zwecken mißbraucht, also z. B. nicht wegen Ausübung des Wahlrechts oder wegen Befolgung der Staatsgesetze verhängt werden. Von einer Revision dieses Gesetzes wird Niemand reden können, der Sinn für bürgerliche Freiheit und den Schutz dieser Freiheit hat. Das zweite Gesetz, betreffend die Vorbildung und Anstellung der Geistlichen, verlangt daß ein geistliches Amt in unserem deutschen Land nur einem Deutschen übertragen werden darf und fordert zur Vorbereitung den Besuch eines deutschen Gymnasiums und einer deutschen Universität, sowie den Nachweis allgemein wissenschaftlicher Bildung in einer vom Staat angeordneten Prüfung. Nur wenn ein junger Geistlicher diese Vorbedingungen nicht erfüllt, kann seine Anstellung beanstandet werden, oder wenn gegen ihn „Thatsachen vorliegen, welche die Annahme rechtfertigen, daß er den Staatsgesetzen oder den zuständigen Anordnungen der Obrigkeit entgegen wirken und den öffentlichen Frieden gefährden werde". Diese letztere Bestimmung kann man nicht aufgeben, ohne dem Geistlichen einen Freibrief zur Demagogie zu geben. Ebenso wenig kann auf die allmähliche Aufhebung des ganz modernen, jesuitischen Instituts der Knabenseminare, deren einseitige Dressur durch die Gymnasialbildung ersetzt werden soll, und auf die Beaufsichtigung aller übrigen für den priesterlichen Stand bestimmten Anstalten verzichtet werden. Wer den Clerus nicht als internationale Kaste von dem Leben der Nation ablösen will, kann gegen die Vorschriften in Betreff seiner Vorbildung oder gegen das Recht des Staats, von seinen Instituten Kenntniß zu nehmen, nichts einwenden.

Das dritte Gesetz regelt die kirchliche Disciplinargewalt der höheren gegen die niedere Geistlichkeit und setzt als oberste Instanz den Königlichen Gerichtshof für Kirchliche Angelegenheiten ein.

Es bestimmt, daß jene Gewalt nur von deutschen kirchlichen Behörden ausgeübt werden darf, ganz gemäß dem alten Reichsrecht, nach welchem der Pabst in Deutschland nicht unmittelbar, sondern nur durch einen beauftragten deutschen Bischof Recht sprechen konnte. Es beschränkt ferner die Geldstrafen sowie das Recht der Verweisung in eine Demeriten-anstalt, und unterwirft diese Anstalten der Staatsaufsicht. Es fordert weiter ein geordnetes Verfahren, insbesondere wo es sich um Amtsentsetzung handelt, und giebt dem Verurtheilten das Recht, zum Schutz gegen nachweisbare Willkühr Berufung an den Königlichen Gerichtshof einzulegen: „wenn die Entscheidung der klaren, thatsächlichen Lage widerspricht oder die Gesetze des Staats oder allgemeine Rechtsgrundsätze verletzt“. Auch diesen Rechtsschutz wird Niemand hinweg revidiren wollen; denn ein freies bürgerliches Gemeinwesen darf nicht dulden, daß eine kirchliche Organisation, welche Millionen seiner Bürger umschließt, nach den Grundsätzen des polizeilichen Absolutismus regiert werde. — Endlich errichtet das Gesetz einen Gerichtshof, dessen Mitglieder ihrer Mehrheit nach aus etatsmäßig angestellten Richtern bestehen und der in öffentlichem und mündlichem Verfahren seine Entscheidungen trifft. An diesen Gerichtshof kann sowohl der in seinem Recht gekränkte Cleriker als auch der Staat sich wenden, wenn der Gebrauch, den ein Geistlicher von dem mächtigen Einfluß seines Amts macht, die öffentliche Ordnung aufzulösen droht. Wenn ein Bischof „die auf sein Amt bezüglichen Vorschriften der Staatsgesetze u. s. w. so schwer verletzt, daß sein Verbleiben im Amt mit der öffentlichen Ordnung unverträglich erscheint“, so kann der Oberpräsident als Organ des Staats den Antrag stellen, daß der Bischof aus seinem Amt entlassen werde, und der Gerichtshof hat darüber durch sein Urtheil zu entscheiden. Dieser Punkt ist eine Hauptbeschwerde der Ultramontanen. Der Staat, so sagen sie, kann dem Bischof doch nur nehmen, was er ihm gegeben hat, nämlich die staatliche Anerkennung, aber nicht die innere bischöfliche Würde. Man mag dies zugestehen, aber wenn der Bischof diese seine kirchliche Würde in einem bestimmten preußischen Sprengel ausüben will, so bedarf er eben der staatlichen Sanction und kann, wenn dieselbe zurückgezogen wird, seine Amtsbefugnisse nicht fortsetzen. Diese Fortsetzung der Amtsbefugnisse betrachtet aber der Ultramontanismus als ein bischöfliches Urrecht, welches nur vom Pabst und nicht vom Staat genommen werden könne; folglich ist auch hier jede Revision, etwa durch Unterscheidung der staatlichen und der kirchlichen Seite des Bischofsamts, bei den heutigen klerikalen Ansprüchen vollkommen nutzlos. Irgend welche Mittel und Wege muß jeder Staat haben, um die Macht eines ihm feindlichen Kirchenfürsten zu brechen und die eigene Autorität aufrecht zu erhalten. Mit den allgemeinen Strafgesetzen reicht er nicht aus; kann er den Geistlichen nicht im äußersten Fall aus dem Amt entfernen, so wird von diesem Heerde aus die Flamme der Agitation immer neu genährt. In älteren Zeiten griff der Kaiser oder König oder der Doge einer Republik den rebellischen Bischof auf und machte ihn unschädlich. In moderner Zeit tritt an die Stelle der persönlichen Gewalt das gesetzliche, von der Nation mitbeschlossene Recht, geübt von unabhängigen Richtern. Solche richterliche Formen sind dem Ultramontanismus allerdings besonders zuwider, weil sie ihn entwaffnen, während die Gewaltthätigkeit und polizeiliche Willkühr seinen Widerstand verstärken würde. —

Dies ist der wesentliche Inhalt der vielgeschmähten Maigesetze, von denen die Bischöfe nunmehr erklärten, daß sie sich ihnen nimmermehr unterwerfen würden. Sie weigerten den revidirenden Staatsbehörden den Zutritt zu ihren Anstalten, sie machten keine Anzeige bei neuen Anstellungen. Der Posensche Erzbischof dekretirte sogar im Gegensatz gegen einen Erlaß des Ministers, daß der Religionsunterricht an den höheren Schulen nur in polnischer Sprache gegeben werden dürfe. Als die Verachtung der Gesetze die gesetzlich vorgesehenen Folgen herbeizog, — Geldstrafen, Haft, Schließung der Anstalten — da suchte man die Massen durch die Vorstellung aufzuregen, daß eine furchtbare Glaubensverfolgung, so schlimm wie zu den Zeiten der Nero und Diocletian, ausgebrochen sei. Und doch handelte es sich nur um die einfache Frage: Steht das Priesterthum über oder unter den Gesetzen? Die großen Gegensätze, welche gegeneinander im Kampfe standen, prägten sich am klarsten in dem berühmten Briefwechsel zwischen Kaiser und Papst aus dem Jahre 1873 aus. Der Papst verlangte die Unterordnung von Fürsten und Völkern, der protestantischen wie der katholischen, in dem vielberufenen Satz: „Jeder Getaufte gehört gewissermaßen dem Papst an“. Der Kaiser vertrat die Unabhängigkeit der Staaten und Nationen in der Gegenerklärung: „Ich werde Ordnung und Gesetz in meinen Staaten jeder Anfechtung gegenüber aufrechterhalten“ — auch gegenüber „den Umtrieben, die mit der Religion Jesu Christi nichts zu thun haben“.

Der Widerstand der Bischöfe nöthigte zu neuen Maßregeln. Es wurde gegen Einzelne die Temporaliensperre eingeführt, aus der Formel des Bischofseides alles entfernt, was als eine Beschränkung des Gelöbnisses zum Gehorsam gegen König und Landesgesetze gedeutet werden konnte und, da die gerichtliche Absetzung einiger Würdenträger bevorstand, dem Landtag das Gesetz über die commissarische Verwaltung des Vermögens der erledigten Bisthümer vorgelegt. Die widerrechtliche Anstellung von Geistlichen, die der Staat nach dem Gesetz vom 11. Mai 1873 nicht anerkennen konnte, bedrohte die Gemeinden und Familien mit schwerer Verwirrung. Die Amtsverrichtungen dieser Geistlichen hatten keine Rechtskraft, ihre Trauungen begründeten keine bürgerlich gültige Ehe; sie fuhren aber fort zu trauen und ließen die ungebildeten Volksklassen absichtlich im Unklaren. Unter diesen Umständen mußte die Civilehe eingeführt werden, wenn nicht unzählige Familien durch Eingehung ungültiger Ehen für sich und ihre Nachkommen in's Unglück kommen sollten. Die Civilehe war auch durch frühere Vorgänge schon dringend wünschenswerth geworden. Seitdem sich in Preußen ein Widerspruch geltend gemacht hatte zwischen den landesgesetzlichen Vorschriften und den kirchlichen Ansichten über zulässige Ehen, seitdem evangelische Geistliche sich weigerten, Geschiedene zu trauen, obwohl dieselben ein gerichtliches, im Namen des Königs ausgestelltes Erkenntniß in der Tasche hatten, welches ihnen die Wiederverheirathung erlaubte; seitdem katholische Geistliche sich weigerten, gemischte Ehen einzusegnen, wenn nicht das Versprechen katholischer Kindererziehung gegeben werde — seitdem mußte der Staat daran denken, die bürgerliche Gültigkeit der Ehe von dem Act der kirchlichen Trauung unabhängig zu machen. Denn die Ehe ist, wie Dr. Luther sagt, zu allererst ein bürgerliches Ding, das von der weltlichen Obrigkeit zu regeln und zu ordnen ist. Jeder Bürger hat ein Recht darauf, nach den geltenden Gesetzen eine Ehe zu schließen. So lange die Geistlichen als Beamte galten, den Gesetzen gehorchten und nicht auf den Gedanken kamen, eine bürgerlich zulässige Ehe als kirchlich unzulässig zu behandeln, konnte der Staat sie gleichsam als seine Standesbeamten betrachten. Sobald der Widerspruch eintrat, mußte er für eigene Beamte sorgen, vor denen der Ehebund nach seiner bürgerlich-juristischen Seite geschlossen werden konnte. Die kirchliche Trauung ist dadurch nicht geschädigt, ihre religiöse Bedeutung und Weihe nicht verringert. Jedes Paar, welches sich heute trauen läßt, seitdem die Trauung nicht mehr auf Zwang, sondern auf der christlichen Sitte und dem inneren Bedürfniß beruht, ist ein lebendiger Zeuge von der inneren Macht des Christenthums. Die Uebel, welche sich vorläufig in den großen Städten herausstellen, müssen durch die Thätigkeit der Kirche selbst überwunden werden. Der Staat seinerseits kann dabei helfen, indem er die Aufhebung aller Stolgebühren erleichtert. Jeder verständige Geistliche muß zugeben, daß die Civilehe auch für die evangelischen Landestheile unvermeidlich geworden war. Er denke nur an die vielen tausend Fälle (im Jahre 1858 allein waren es nahezu 2000), in denen preußische Bürger vergeblich nach einem heimischen Geistlichen suchten, der ihre rechtlich zulässige Ehe durch die Trauung zum Abschluß bringen wollte. Die ultramontanen Wirren machten die Unentbehrlichkeit vollends handgreiflich, und so wurde denn auch die Vorlage von dem Staatsministerium einstimmig beschlossen, und von allen Fraktionen des Landtags außer den Clericalen und den Resten der Altconservativen angenommen. Ein Jahr später folgte das Reich dem preußischen Beispiele nach. Nur griff das Reichsgesetz über die bloße Form der Eheschließung hinaus und beseitigte zugleich die Schwierigkeiten, die namentlich in Baiern durch die geistliche Gerichtsbarkeit und die geistlichen Ehehindernisse gegeben waren. — Zur Gesetzgebung des Jahres 1874 gehörte endlich noch das Reichsgesetz vom 4. Mai 1874, betreffend die Verhinderung der unbefugten Ausübung von Kirchenämtern. Es war ein Nothwehract des Staats, gerechtfertigt dadurch, daß ein Theil des Klerus die Gesetze, die rechtmäßigen Erlasse der Obrigkeit, die Urtheilssprüche der Gerichtshöfe als schlechterdings für sich nicht vorhanden betrachtete. Wenn Geistliche von solcher Gesinnung an dem Orte ihrer bisherigen Wirksamkeit blieben, so mußte auch im Volk jede Achtung vor der bürgerlichen Autorität verschwinden. Um dies zu verhüten, mußte die Person, welcher rechtlich ein Kirchenamt nicht mehr zukam, auch thatsächlich aus demselben entfernt werden können. Das Gesetz gab daher den Landesbehörden die Vollmacht, denjenigen Geistlichen, welche trotz gerichtlicher Entsetzung ihr Amt fortführen, oder welche trotz rechtskräftiger Verurtheilung Amtshandlungen in dem ihnen widerrechtlich übertragenen Amte verrichten, den Aufenthalt in dem Pfarrort oder Sprengel zu untersagen, entferntere Orte ihnen anzuweisen und im äußersten Fall sie der Staatsangehörigkeit für verlustig zu erklären und aus Deutschland zu verbannen. Nur durch diese Maßregel ist es möglich geworden, den abgesetzten Bischof an der Fortregierung seines Sprengels, den gesetzwidrig angestellten Pfarrer an der Fortführung seiner angemaßten Thätigkeit zu verhindern. Alle Fraktionen rechts und links mit Ausnahme des Centrums und seiner nächsten Bundesgenossen, genehmigten denn auch das Gesetz, da unter keiner Bedingung der Staatswille durch priesterliche Hartnäckigkeit unwirksam gemacht werden durfte.

Die ultramontanen Hoffnungen waren noch immer nicht gebrochen. Man war seit einer Generation durch die klägliche Kirchenpolitik, welche die Conservativen betrieben hatten, zu sehr an die Nachgiebigkeit des Staats gewöhnt. Die ultramontane Bewegung hatte ganz Europa erfaßt; die belgischen und französischen Bischöfe mischten sich aufhetzend in unseren inneren Streit, die französische Regierung schien die ultramontanen Interessen zu den ihrigen machen zu wollen und deutsche Bischöfe gingen in der Verläugnung ihrer Nationalität so weit, daß sie die kirchliche Feier des Sedantages verboten. Ein kalter Wasserstrahl, nach Paris gesandt, bewirkte übrigens dort einige Ernüchterung, bis später in dem französischen Volk selbst der Rückschlag gegen die Jesuitenherrschaft eintrat. Aber in Rom spielte man noch den äußersten Trumpf aus; die Bulle vom 5. Februar 1875 erklärte die Maigesetze für ungültig und rief zum Widerstand dagegen auf. Diesem Angriff auf die Selbstständigkeit und Ehre Preußens folgten nun in der Session von 1875 neue Abwehrmaßregeln. Durch das Sperrgesetz entzog der Staat den Geistlichen, welche seine Ordnungen nicht anerkannten, auch den Unterhalt aus seinen Mitteln. Die Art. 15, 16 und 18 der Verfassungsurkunde, deren dehnbare Begriffe von kirchlicher Selbstständigkeit man schon vor zwei Jahren zu deklariren versucht hatte, wurden aufgehoben und die Regelung der Verhältnisse zwischen Kirche und Staat ausschließlich der Specialgesetzgebung anheimgegeben. Endlich löste das Klostergesetz das Netz von Orden und Congregationen auf, welches die römische Propaganda seit einigen Jahrzehnten über Preußen geworfen hatte. Nur den Krankenpflegeorden wurde der Fortbestand unter staatlicher Aufsicht gestattet, die Niederlassungen aller übrigen sollten innerhalb 6 Monaten aufgehoben, für die mit Unterricht beschäftigten konnte diese Frist, wo es an Ersatz fehlte, bis auf 4 Jahre verlängert werden.

Diesen mehr negativen Maßregeln reihte sich als positive Organisation, das Gesetz über die Vermögensverwaltung in den katholischen Kirchengemeinden an. Es gab der Gemeinde die freie Wahl des verwaltenden Kirchenvorstands und der controllirenden und mitbeschließenden Gemeindevertretung und bestimmte zugleich das Maaß der staatlichen Aufsichtsrechte. Die Bischöfe protestirten anfänglich gegen das Gesetz, ihrer Ansicht nach war ein von der Gemeinde gewählter Kirchenvorstand und noch mehr eine gewählte Gemeindevertretung gegen die Grundlehren der römischen Kirche, und rechtmäßiges Organ nur der durch den Bischof ernannte Kirchenvorstand. Da aber nach dem Gesetz die Vermögensverwaltung überall da in die Hand von weltlichen Commissarien kommen sollte, wo die Gemeinde die Wahl verweigerte, so gaben die Bischöfe nach und bemühten sich nur, die Wahlen im ultramontanen Sinne zu lenken. Dies gelang ihnen zur Zeit auch noch vollständig, wird aber schwerlich in der Zukunft gelingen. — Endlich gab man den Altkatholiken, wo sie in erheblicher Zahl waren, nach dem Vorbild Badens das Recht der Mitbenutzung an den Kirchen und Geräthschaften. Sie galten für den Staat, der sich um den Streit über das Vatikanum nicht kümmerte, als Katholiken, folglich war es billig, sie gegen die gewaltsame Vertreibung aus ihren alten Gotteshäusern zu schützen. —

Der Kreis der Gesetze, mit denen der Staat sich zu seiner Selbstvertheidigung waffnen mußte, ist hiermit im Wesentlichen abgeschlossen. Das im Frühjahr 1876 noch erlassene Gesetz, betreffend die Aufsichtsrechte des Staats über die Verwaltung der Bißthümer war nur eine Anwendung der Grundsätze des Kirchengemeindegesetzes auf den größeren Bezirk der Bißthümer. Die schwere, im Kampf gegen die heftigsten Leidenschaften durchgeführte Gesetzesarbeit würde den heutigen Parlamenten nicht auferlegt sein, wenn die conservative, bis 1848 und dann wieder seit 1850 herrschende Partei nicht in beispielloser Weise ihre Pflichten vernachlässigt hätte. Wir sagen in beispielloser Weise; denn selbst ein König von Hannover und ein Kurfürst von Hessen hatten die Deiche und Dämme nicht eingerissen, welche die Weisheit von Jahrhunderten gegen die ultramontane Fluth erbaut hatte, kein einziger süddeutscher Staat hatte an eine solche Selbstverstümmlung gedacht. Nur in Preußen waren aus der Mitte der feudalen Partei Minister hervorgegangen, welche die alten Dämme einrissen, ohne neue zu bauen, und selbst nach der Annexion der neuen Provinzen beschäftigte sich Herr von Mühler noch fleißig mit dem Einreißen. Die Specialgesetzgebung, welche wir 1872—76 geschaffen haben, hätte schon 1850 bei Gründung der Verfassung erlassen werden müssen. Der Minister von Ladenberg hat daran gedacht, aber auch er war viel zu schwach. Es wäre damals viel leidenschaftsloser geschehen, denn der Clerus der vierziger Jahre hatte noch keine Ahnung von den Prätensionen, welche heute als göttliche Rechte der Kirche von jedem Kaplansblatt verkündigt werden.

Auch die Liberalen sind froh, daß die Arbeit nun fertig ist. Der Staat hat seine unveräußerlichen Hoheitsrechte neu festgestellt und kraftvoll durchgeführt — was jetzt noch Noth thut, die innere Befreiung der Geister, kann nur die fortschreitende Schulbildung und das fortschreitende Zusammenwachsen aller deutschen Stämme zu einer großen, von dem Gefühl ihrer Unabhängigkeit beseelten Nation leisten. Daß der kirchenpolitische Streit vom „Liberalismus zum Kampf gegen das Christenthum ausgebeutet sei“, ist eine der vielen falschen Anklagen des neuconservativen Progamms. Es ist doch nicht ehrlich, die Ansichten einzelner Radicaler mit dem Liberalismus überhaupt zu verwechseln. Der politische Liberalismus hat nichts mit dem Gegensatz der Confessionen oder mit dem Unterschied der theologischen Richtungen innerhalb einer Confession zu thun. Nur wo unter der Maske des Glaubens Herrschaftstendenzen verfolgt werden, sei es die Tendenz des pommerschen Lutheraners zur Beherrschung der Gemeinde oder die Tendenz des römischen Clerus zur Beherrschung der Welt, da beginnt der Gegensatz des Liberalismus. Speciell die nationalliberale Partei hat in dem parlamentarischen Kampfe jede Einmischung in das innere religiöse Leben mit ängstlicher Sorgfalt vermieden. Sie hat die Zerrüttung, die der Widerstand des Clerus in den Gemeinden hervorrief, tief beklagt, aber sie konnte dieses Uebel nicht durch die noch schlimmere Zerrüttung der Staatsautorität heilen. Die Deutschconservativen versprechen zwar jetzt auch die Staatsgewalt zu unterstützen, aber sie beginnen ihre Unterstützung sofort damit, daß sie die Falksche Gesetzgebung des Gewissenszwangs und des Uebergreifens in das innere kirchliche Leben beschuldigen. Statt eines Falk wieder ein Mühler — das ist der praktische Sinn ihres Programms.

11.

Die evangelische Kirchenverfassung.

Im Unterschied von der römisch-katholischen Kirche, die sich seit 1848 von der Staatshoheit lossagte, hat die evangelische Kirche während des conservativen Regiments seit 1850 nicht den geringsten Fortschritt zu größerer Selbstständigkeit gemacht. Der conservative Minister (v. Raumer) erklärte vielmehr, die von der Verfassung verheißene Selbstständigkeit der Kirche bestehe darin, daß sie von dem Oberkirchenrath und den Consistorien regiert werde. Jeden Anstoß zu einer neuen Bewegung aus der Bureaukratie heraus verdankt die evangelische Kirche den Liberalen. Die altliberale Aera machte in diesem Sinne schüchterne Versuche. Eine ernsthafte Neugestaltung begann aber erst mit dem jetzigen Cultusminister, der an die Spitze des Oberkirchenraths einen positiv gläubigen, aber in Verfassungsfragen freisinnigen und national-gesinnten Mann berief. Durch diese Räthe unterstützt, erließ der König als Träger des evangelischen Kirchenregiments am 10. Nov. 1873 eine Kirchengemeinde- und Synodalordnung, die soweit es die Gemeinde betraf, von dem Landtag in der folgenden Session staatsgesetzlich genehmigt wurde. Diese Kirchengemeindeordnung ist allgemein als ein tüchtiges Werk anerkannt. Sie übergibt dem gewählten Kirchenvorstand und der Gemeindevertretung nicht nur die Verwaltung der äußeren Vermögensangelegenheiten, sondern dem ersteren auch eine heilsame Mitwirkung bei inneren kirchlichen Dingen, z. B. bei der Frage der Ausschließung eines Gemeindemitgliedes von dem Abendmahl, der Trauung u. s. w. Sie überläßt außerdem der Gemeinde wenigstens in jedem zweiten Fall die Pfarrerwahl, soweit der Staat bisher die Pfarren zu besetzen hatte. In der Session von 1876 gelang es nun auch, die Ordnung der Kreis- Provinzial- und Generalsynode zu einem gesetzlichen Abschluß zu bringen. Dieser Abschluß wurde dadurch erleichtert, daß der Erlaß von 1873 reformirt und den Laien in der Kreis- und Provinzialsynode ein größerer Spielraum (bis zu zwei Drittheilen) gewährt worden war, ein Zuwachs, der den größeren Gemeinden zu Gute gerechnet wurde. Hierdurch ist der schlimmste Fehler des Entwurfs von 1873, die abstracte Gleichstellung der Pfarrgemeinden ohne Unterschied ihrer Seelenzahl und Bedeutung, einigermaßen gemildert. In der außerordentlichen Generalsynode vom Decemb. 1875 war das Parteiverhältniß im Ganzen so, daß die lutherisch-orthodoxe und provinziell-particularistische Partei die neue Verfassung und insbesondere die jüngste Verbesserung derselben bekämpfte, die im Ganzen unirt gesinnte Mittelpartei dieselbe annahm und daß die kirchliche Linke in der Versammlung überhaupt kaum vertreten war. Im Abgeordnetenhaus knüpften sich an das Gesetz, welches zur staatlichen Genehmigung dieser Kirchenordnung vorgelegt ward, schwere Kämpfe. Aber die Mehrheit des Hauses glaubte der evangelischen Kirche die synodalen Formen zu ihrer innern Selbstgestaltung nicht versagen zu dürfen. Die nationalliberale Partei beschränkte sich darauf, das gesetzlich *schrankenlose Steuerbewilligungsrecht*, welches die Regierungsvorlage den Synoden gewähren wollte, auf vier Procent der Personalsteuern — eine im Ganzen sehr bescheidene Summe — zu begrenzen. Zugleich verschärfte sie die staatliche Controlle der kirchlichen Gesetzgebung, weil sie im Sinne der Reformatoren als die Hauptaufgabe der evangelischen Geistlichkeit die *Seelsorge*, aber nicht das Streben nach einer äußern, mächtigen, zu Conflicten mit dem Staat befähigten Organisation betrachtete. Im Interesse der Gemeinden wurde liberalerseits noch Fürsorge getroffen, daß ihnen nicht mehr, wie es bei der Aufbesserung der Pfarrgehälter geschehen war, von oben herab ihre Beiträge diktirt und durch Zwangsmittel eingetrieben werden können. Die Bezirksregierungen haben diese Zwangsgewalt jetzt verloren und das Staatsgesetz hat dafür gesorgt, daß dieselbe von keiner kirchlichen Behörde in Zukunft ausgeübt werden darf. So bereitwillig auch die nationalliberale Partei die fast 3 Millionen Mark bewilligt hat, welche zur zweimaligen Aufbesserung der Pfarrgehälter bis zu dem Minimum von 800 Thalern gedient haben, so war es doch nicht ihre Absicht, daß neben der Verwendung dieser Staatsmittel die Gemeinden nach einer oft willkürlichen Schätzung seitens büreaukratischer, mit den Lokal-Verhältnissen nicht immer vertrauter Behörden, zwangsweise zu erhöhten Leistungen herangezogen werden sollten.

12.

Die Selbstverwaltung in Preußen. Kreis- und Provinzialordnung. Verwaltungsgerichte. Dotation der Provinzen.

Die Junkerpartei in Preußen hat es fertig gebracht, daß nach Erlaß der Verfassung noch ein Vierteljahrhundert hindurch jene feudale Kreis- und Provinzialordnung sich fortfristete, deren Schöpfung schon in den zwanziger Jahren als ein Anachronismus und als ein Sieg der Reaction erschien, und die seit 1850 im grellen Widerspruch mit den Grundsätzen unserer Verfassung stand. Nach dieser Ordnung hatten in der Kreisversammlung die virilstimmberechtigten Rittergutsbesitzer ein erdrückendes Uebergewicht, neben dem die geringe Zahl der Städter und die drei, sage drei Vertreter des bäuerlichen Standes gar nicht in Betracht kamen. Die städtischen Abgeordneten mußten Magistratsmitglieder, die bäuerlichen mußten Schulzen oder Dorfrichter sein, und diese waren entweder erblich oder ernannt. Die Wahlen erfolgten auf Lebenszeit. Bei einer solchen Vertretung war es naturgemäß, daß jedem einzelnen Stand zur Wahrung seiner Interessen ein Separatvotum und der Recurs an die Regierungsbehörde offen stand, sowie daß die Befugnisse der Kreiscorporationen sehr beschränkt waren und der Landrath thatsächlich Alles regierte. In den Provinziallandtagen hatten die Standesherren und Ritter die Hälfte der Stimmen, die andere Hälfte fiel auf die Städte und Landgemeinden, wobei die letzteren am dürftigsten bedacht waren. So hatten z. B. in der Kurmark Brandenburg die Herren und Ritter 22, die Städte 14 und die Landgemeinden 8 Stimmen. Bedingung für die Wählbarkeit war zehnjähriger Grundbesitz. Auch hier hatte die Wiedereinführung eines dem wirklichen Leben nicht mehr entsprechenden Ständethums die Folge, daß die Provinziallandtage wenig zu sagen hatten. Der Landtagsmarschall, die Ausschüsse und ihre Vorsitzenden wurden von oben herab ernannt.

Zur Beseitigung dieser ungeheuerlichen Zustände waren 1850 und 1860 Versuche gemacht; beide Mal ohne Erfolg. Seit 1867 drängten die Liberalen Jahr für Jahr von neuem zur Reform, deren Nothwendigkeit die Regierung, seitdem Preußen durch die neuen Provinzen vergrößert und an die Spitze des Reichs getreten war, nicht mehr verkennen konnte. In den langen Verhandlungen zwischen dem conservativen Ministerium und den Liberalen gelang es den letzteren, die Regierung weit über die ursprünglichen Absichten hinaus vorwärts zu schieben; aber auch die Liberalen mußten auf manchen ihrer Wünsche verzichten. So hätten sie die Reform am liebsten mit der untersten Stufe, der Landgemeindeordnung, begonnen; allein die Regierung beharrte darauf, daß mit der Kreisordnung anzufangen sei, und zog nur einige, der Verbesserung besonders bedürftige Gemeindeverhältnisse in den Gesetzentwurf hinein. Dieser brauchte zu seinem Abschluß die Arbeit von zwei Sessionen. Seine entschiedensten Gegner waren die Männer, welche sich jetzt an die Spitze der deutsch-conservativen Partei gestellt haben. Dieselben Conservativen, welche heute die Führung des Bauernstandes übernehmen wollen, kämpften damals mit zähester Hartnäckigkeit gegen die Interessen des Bauernstandes. Dieselben Liberalen, die sie heute als Feinde des Landmannes zu verdächtigen suchen, setzten damals die gerechte Vertretung der Landgemeinden und deren Befreiung aus den feudalen Fesseln durch. Die Junkerpartei ging so weit, daß sie die Aufhebung des Virilstimmrechts, der gutsherrlichen Polizeigewalt, des Erbschulzenamts u. s. w. für einen Einbruch des Radicalismus, für eine Nivellirung der Hügel und Berge erklärte, von denen der höchste Berg, das Königthum, schützend umgeben werde. Sie brachte es dahin, daß das Herrenhaus sich gegen die Reform erklärte, daß der Minister des Innern seine Entlassung fordern mußte, und erst nachdem diese vom König nicht angenommen und statt dessen ein Pairsschub genehmigt war, gelang es gegen Ende des Jahres 1872 die neue Kreisordnung zu Stande zu bringen.

Dieselbe beseitigte die gutsherrliche, aus eigenem Recht geübte Polizeigewalt; setzte freigewählte Vorsteher und Schöffen an Stelle der erblichen oder ernannten Schulzen, schaffte das Virilstimmrecht ab und gab Landgemeinden und Städten eine gerechtere Vertretung. Es wurden drei Wahlverbände, des größeren und des kleineren ländlichen Grundbesitzes und der Städte, gebildet. Zwischen Stadt und Land wurde die Zahl der Vertreter nach der Bevölkerungsziffer abgegrenzt, und der für das Land übrigbleibende Rest zwischen den größeren Grundbesitzern und den Landgemeinden halbirt. An den drei Gruppen selbst hielt die Regierung entschieden fest; auch widersprach sie der Vertheilung der Stimmen nach der Steuerleistung allein. Eine wichtige Errungenschaft für die Landgemeinden ist es, daß dieselben nicht durch die Schulzen, sondern durch besonders gewählte Wahlmänner, deren Zahl mit der Größe der Gemeinde wächst, ihr Recht zur Ernennung von Kreisdeputirten ausüben.

Diesen so umgewandelten Vertretungskörpern konnte nun auch ein ernsthafter Antheil an der Verwaltung gegeben werden. Dies geschah durch die Bildung der Kreisausschüsse unter dem Vorsitz des Landraths, der zwar die laufende Verwaltung des Kreises führt, aber in allen wichtigen Sachen an die Beschlüsse des Ausschusses gebunden ist und dieselben zur Ausführung bringen muß. Der Ausschuß ist aber nicht blos Communalorgan, sondern zugleich Organ der Staatsverwaltung im Kreise, indem ihm die wichtigsten Befugnisse der Bezirksregierungen übertragen sind. Seine Thätigkeit als staatliches Organ theilt sich in sogenannte Beschlußsachen und in Verwaltungsstreitsachen. Für die Angelegenheiten, bei welchen vorzugsweise Privat-Rechte und -Interessen in Conflict mit den öffentlichen Interessen gerathen, ist ein besonderes Rechtsverfahren eingeführt, wobei die Parteien in öffentlich-mündlicher Verhandlung nach festen Rechtsnormen ähnlich wie vor den Gerichten ihre Klagen und Beschwerden geltend machen und in geordneter Weise an die höheren Instanzen recurriren können. Der Kreisausschuß bildet hier in der Regel die erste, das Bezirksverwaltungsgericht, welches ebenfalls überwiegend aus Laien besteht, die von der Provinzialvertretung aus den Einwohnern des Bezirks gewählt werden, die zweite Instanz; als höchste Revisions- und Cassationsinstanz zur Wahrung des einheitlichen Verwaltungsrechts fungirt der oberste Verwaltungsgerichtshof in Berlin. Auf diese Weise ist ein großes Gebiet der Verwaltung der bisher rein discretionären Befugniß der Regierungsbehörden und Ministerien entzogen und der entscheidende Schritt zur Herstellung eines wirklichen Rechtsstaats geschehen. In der Durchführung dieses Systems von unten auf ist Preußen allen übrigen Staaten vorangegangen. Die dadurch herbeigeführte Rechtssicherheit wird den Gemeinden wie den einzelnen Bürgern erst nach und nach zum vollen Bewußtsein kommen.

Wie die Kreisorganisation für die Verwaltungsstreitsachen durch die Bezirksgerichte und den höchsten Verwaltungsgerichtshof nach oben ergänzt ist, so hat sie für die communale und staatliche Verwaltung durch die Provinzialordnung und das damit verbundene Dotations-Gesetz ihren Abschluß erhalten. Der erste Entwurf zur Provinzialordnung lag 1874 vor, wurde aber von den Liberalen zurückgewiesen, weil er die Provinzialorgane auf die wirthschaftlichen Angelegenheiten beschränkte und auch diese in dürftigen Grenzen ließ. Die nationalliberale Partei ging von dem großen Gedanken des Freiherrn vom Stein aus, der bereits in der Verordnung vom 26. December 1808 die staatliche Verwaltung durch Theilnahme landständischer Repräsentanten an den Geschäften der Regierung zu verjüngen suchte.

Sobald die Vorlage von 1875 diesen Gedanken aufgenommen und das gleichzeitige Dotationsgesetz auch der communalen Thätigkeit der Provinzen einen großen Umfang zugewiesen hatte, waren die Bedingungen zur Verständigung gegeben. Die jetzige Provinzialvertretung wird von den Kreisen gewählt; die Kreise gelten als die Glieder, aus denen der Organismus der Provinz hervorwächst. Diese Wahl durch die Kreistage weckte nun allerdings manche Besorgnisse in den Städten. Man fürchtete, daß die Städte durch die Majorität der ländlichen Grundbesitzer verkürzt werden würden. Man fürchtete überhaupt die politischen Folgen, welche aus dem Wahlsystem der Kreisordnung nach oben hin hervorgehen könnten. Deshalb schlug ein Theil der Linken bei der zweiten Lesung des Gesetzentwurfes für die Provinzialvertretung allgemeine indirecte Wahlen vor, zu denen jeder Reichstagswähler berechtigt sein sollte. Aber man konnte für den Communalverband der Provinz doch keinen Wahlmodus schaffen, welcher dem, der in den Gemeinden und Kreisen galt, entgegengesetzt war. Die Provinz würde dadurch in Conflict mit den Kreisen gekommen sein. Auch der Vorschlag, die Gruppen der Kreisordnung auf die Provinzialwahlen anzuwenden und statt aus der Einheit des Kreistages durch die drei großen Verbände je ein Drittheil der Abgeordneten wählen zu lassen, erschien bedenklich, weil der Gegensatz der Interessen dann in die Provinzialverwaltung hineingetragen wurde, ohne daß die Städte aus der Minorität herauskamen. Der spätere Ausfall der Wahlen hat übrigens die gehegten Befürchtungen nicht gerechtfertigt. Die Städte haben fast überall den entsprechenden Antheil an der Vertretung bekommen. Jedenfalls müßte eine Reform des Wahlsystems bei der Kreisordnung einsetzen, die seiner Zeit von allen liberalen Fractionen einstimmig angenommen wurde.

Die Competenz der neuen Provinziallandtage ist nun sowohl in communalen Angelegenheiten wie in denen der allgemeinen Landesverwaltung eine sehr bedeutende. Die communale Verwaltung wird durch den Provinzialausschuß geführt. Die laufenden Geschäfte liegen in der Hand des gewählten Landesdirectors, der an die Beschlüsse des Ausschusses gebunden ist. Der Umfang der communalen Verwaltung ist durch das Dotationsgesetz abgegrenzt, welches neben den wirthschaftlichen Aufgaben auch zugleich die Mittel zu ihrer Durchführung den Provinzen überweist. Sie werden zu ihrer Selbstverwaltung zunächst mit einer jährlichen Rente von 13,440,000 Mark ausgestattet, die nach dem gemischten Maaßstab von Flächeninhalt und Bevölkerung vertheilt wird. Dazu treten die Zinsen des schon 1873 reservirten und seitdem zinsbar angelegten Theils jener Rente, sowie zahlreiche einzelne Fonds, die gleichzeitig mit den Verpflichtungen, die der Staat bisher aus ihnen erfüllte, auf die Provinzen übergehen. Zu jener ersten Hauptdotation kommt dann noch eine zweite im Betrage von jährlich 19 Mill. Mark, welche für den wichtigsten und umfangreichsten Zweig der Communalverwaltung, für die vom Staat übertragene Verwaltung und Unterhaltung der Staatschausseen bestimmt ist. Diese Jahresrente war in der Vorlage nur auf 15 Mill. berechnet. Der Commission des Abgeordnetenhauses gelang es, sie um 4 Millionen zu erhöhen, und zwar wird diese letztere Summe nach dem oben erwähnten gemischten Maaßstab vertheilt. Die 1873 zur Durchführung der Kreisordnung ausgeworfene Jahresrente von 3 Mill. Mark ist jetzt ebenfalls allen Provinzen nebst den aufgelaufenen Zinsen überwiesen. Durch diese Dotirungen sind die Provinzialverbände in den Stand gesetzt, ohne Provinzialsteuer für ihre Bedürfnisse zu sorgen. Sie können ferner nach einem zweckmäßigen Finanzplan vorgehen, während sie früher von der oft ungleichen und tropfenweis erfolgenden Bewilligung der Behörden abhängig waren. An diese Dotation wird sich unter der Leitung tüchtiger Provinzialausschüsse und Landesdirectoren ein neuer Aufschwung im Wegebau, in der Fürsorge für Blinden- Taubstummen-, Irrenanstalten und andere Wohlthätigkeitsinstitute, für Landesmeliorationen, landwirthschaftliche Schulen u. s. w. knüpfen*).

Organ für die Mitwirkung bei den allgemeinen Landesangelegenheiten sollte nach der ursprünglichen Vorlage ebenfalls der Provinzialausschuß sein, später wurde in Folge des Widerspruchs des Herrenhauses, ein engerer Ausschuß aus jenem größeren Collegium, Provinzialrath genannt, dafür bestimmt. Der größere Theil der Fortschrittspartei nahm an dieser Trennung Anstoß, während die nationalliberale Partei in überwiegender Mehrzahl darin keinen Grund zur Verwerfung der gesammten Reform, einschließlich des Dotationsgesetzes, finden konnte. Denn zwischen dem Provinzialausschuß und dem Provinzialrath war kein prinzipieller Unterschied; jener bestand aus 8 bis 22 gewählten Mitgliedern unter Vorsitz des Oberpräsidenten, dieser aus 5 gewählten Mitgliedern unter demselben Vorsitzenden, der nur noch einen zum Richteramt befähigten höheren Verwaltungsbeamten zur Unterstützung bekam. In beiden Körperschaften hatten also die ehrenamtlichen Elemente die Mehrheit, und es würde nur an dem Ausschuß liegen, wenn er nicht seine tüchtigsten Männer in dies kleinere und daher actionsfähigere Collegium sendete. Auch in den, unter dem Provinzialrath stehenden Bezirksräthen verhalten sich die Berufsbeamten (Regierungspräsident nebst einem Rath) zu den gewählten Mitgliedern wie 2 zu 4. Die Regierung wollte auf die Bezirksräthe nicht verzichten. Sie war der Meinung, daß bei der Größe der Provinzen die Beaufsichtigung der Kreise und Gemeinden, die Geschäfte in landespolizeilichen, in Schul- und Wegesachen u. s. w. nicht von einem einzigen Mittelpunkt aus bewältigt werden könnten. Eine spätere Erfahrung muß lehren, ob dies nicht doch thunlich ist. Spräche sie gegen den Wegfall der Bezirksräthe, so wäre es ein Fehler gewesen, die Organisation von 1875 nicht mit der Theilung der Provinzen zu beginnen. Jedenfalls hat die liberale Partei bei Berathung des Competenzgesetzes verhütet, daß die Bezirksräthe durch Uebertragung vieler Geschäfte verstärkt wurden. Dieses im letzten Frühjahr beschlossene Gesetz bestimmt für alle einzelnen Angelegenheiten die Befugnisse und den Instanzenzug der neuen Selbstverwaltungsorgane. Dabei ist zur Vereinfachung der Geschäfte der Grundsatz festgehalten, daß höchstens zwei Instanzen zu beschreiten sind.

*) Man vergleiche hier die von einem, bei dem Dotationsgesetz besonders thätigen Abgeordneten geschriebene Broschüre: „Die Provinzialordnung und das Dotationsgesetz“ Danzig bei Kafeman 1875.

Das zukünftige Gesetz über die Behördenorganisation wird nun die Folgerungen zu ziehen haben, welche aus den eingeführten Reformen für die Regierungsbehörden und namentlich für die Abtheilungen des Innern hervorgehen. Die allgemeinen Landesangelegenheiten werden fortan in der Provinz von dem Oberpräsidenten (nebst seinem Beigeordneten) und dem Provinzialrath, in den Bezirken von dem Regierungspräsidenten (nebst seinem Hülfsbeamten) und dem Bezirksrath verwaltet. Die gesammte Verwaltung ist nach dem Grundsatz aufgebaut, daß die entscheidenden Behörden unter dem Vorsitz eines Staatsbeamten aus gewählten Vertrauensmännern des Volkes bestehen, während die laufenden Geschäfte, die Vorbereitung und Ausführung der Beschlüsse jener Körperschaften den Berufsbeamten verbleiben. In Zukunft wird also das Volk nicht blos an der Gesetzgebung durch seine politische Abgeordneten, sondern auch an der Verwaltung und Regierung Theil nehmen, wie dies schon früher in den Städten, wenigstens theilweise der Fall war.

Die Durchführung dieser Grundsätze, die Stellung der Städte unter die Selbstverwaltungskörper und namentlich das Verwaltungsjustizverfahren waren die nächste Veranlassung zu der neuen Städteordnung. Auf der einen Seite galt es, die Städte freier und selbstständiger zu stellen und eine Reform ihrer innern Verwaltung herbeizuführen, auf der andern Seite sie an den, durch die Verwaltungsjustiz herbeigeführten Wohlthaten Theil nehmen zu lassen. Im Verlauf der Berathungen ist in sehr vielen Beziehungen eine Verständigung des Abgeordnetenhauses mit der Regierung und dem Herrenhaus erzielt, aber es sind doch noch einzelne bedeutsame Differenzpunkte geblieben. Die liberale Partei war darüber einig, daß in den alten Provinzen wenigstens zur Zeit und bis zum Erlaß des Communalsteuergesetzes das Dreiklassensystem beizubehalten sei. Aber die Mehrheit trug Bedenken, die dritte Klasse noch durch einen Census zu beschränken oder wollte doch nicht von 6 bis zu event. 12 Mark gehen. Die Streitfrage erledigt sich vielleicht, wenn man in Zukunft das Gemeindewahlrecht überhaupt nicht mehr nach den Staatssteuern, sondern nach den Communalsteuern bemißt. Ein zweiter Streitpunkt war die Forderung der Liberalen, daß in rein städtischen, bürgerlich-gewerblichen Angelegenheiten nicht von den Kreisausschüssen, sondern von den städtischen Behörden entschieden werde. Man einigte sich dahin, daß in Städten von 10,000 Seelen und darüber dem Magistrat jene Entscheidung zustehen solle. Den Kreisausschüssen wird dadurch nichts entzogen, da sie kein Interesse daran haben, mit zu untersuchen, ob z. B. die Anlage einer Fabrik in der Stadt für die Nachbaren schädlich und störend ist, und die Magistrate können solche Dinge vermöge ihrer Ortskunde schneller und richtiger beurtheilen. Ein dritter Streitpunkt lag in der Frage der Polizeiverwaltung. Das Abgeordnetenhaus wollte die wichtigsten Entscheidungen in die Hand des Magistrats legen, Regierung und Herrenhaus dagegen dem Bürgermeister allein die Polizei überlassen, obwohl diese Verwaltung von der eigentlichen Communalverwaltung nicht wohl zu trennen ist.

Da die Session schon so weit vorgerückt war, so gelang es nicht mehr, sich über diese und andere Differenzen zu verständigen. Bei einem für die bürgerliche Freiheit so wichtigen Gesetze schien es gerathen, die noch zweifelhaften Fragen reifen zu lassen und sich nicht zu überstürzen. Die bisherigen Verhandlungen sind gleichwohl nicht fruchtlos gewesen; sie werden das Einvernehmen für die Zukunft erleichtern.

Außer der Städteordnung, die in der nächsten Session wiederkehren wird, kommt es jetzt vor allem auf den Erlaß einer Landgemeindeordnung an. Die Gemeindeordnung auf dem platten Land muß in ähnlich freiem Sinne gestaltet werden, wie die in den Städten. Hier liegt ein besonderes Interesse für den mittleren und kleineren ländlichen Grundbesitz. An der Kreisverwaltung wird derselbe, weil die Sorge um die eigene Wirthschaft ihn festhält, immer nur einen beschränkten Antheil nehmen, an der Gemeindeverwaltung aber können sich alle Grundbesitzer betheiligen. Eine freie Gemeindeverfassung ist zugleich die kräftigste Stärkung des ländlichen Mittelstandes gegenüber den Gutsbezirken. Die kleineren Gutsbezirke, die keine eigene Existenzberechtigung haben, müssen den Gemeinden einverleibt, eine geordnete Vertretung und ein Ausschuß derselben mit wirksamen Rechten muß überall gebildet werden. — Davon spricht natürlich die deutsch-conservative Großgrundbesitzerpartei nicht. Sie will den Landmann benutzen, um die „große Rechte" zu organisiren, auf welche gestützt sie sich zum Regiment aufschwingen kann, aber von einer Landgemeindeordnung, die dem deutschen Bauernstand in den östlichen Provinzen gegenüber den Gutsbezirken Luft schafft, spricht sie kein Wort.

Daß die Organisation, die hier in den kürzesten Zügen dargestellt ist, auch auf den Westen ausgedehnt wird, ist unerläßlich. Man kann nicht die Hälfte der Monarchie durch die Organe der Selbstverwaltung, die andere Hälfte in büreaukratischen Formen regieren. Nicht blos Rheinland und Westphalen, auch Hannover und Hessen haben in ihrer Provinzialvertretung feudale Elemente, deren Vorrechte beseitigt werden müssen. Im Uebrigen wird man in dem Wahlmodus, in der Zusammensetzung der Selbstverwaltungskörper, in der Anwendbarkeit der Amtsbezirke u. s. w., die von dem Osten sehr verschiedenen socialen Zustände, so wie die historisch gewordenen Verhältnisse sorgsam berücksichtigen müssen. Denn das Staatsinteresse verlangt zwar Einheit in den allgemeinen Grundsätzen der Verwaltung, aber es verlangt nicht, daß bei der Anwendung dieser Grundsätze die einmal fertige Schablone äußerlich und ohne Rücksicht auf die politischen Folgen den verschiedensten Verhältnissen aufgezwängt werde.

13.

Das Unterrichtswesen in Preußen.

Der im Januar 1872 eingetretene Wechsel in der Person des Unterrichtsministers war auch ein Wechsel im System. Der Geist, welcher in dem Schulaufsichtsgesetz vom 11. März 1872 sich aussprach, leitete von da ab die Verwaltung. Die öffentliche Schule wurde wieder als „Veranstaltung des Staats", als die einigende Bildungsstätte für das gesammte Volk behandelt; die clericalen Einflüsse, welche zu zerreißen und zu trennen, und die Verbreitung gemeinnütziger Kenntnisse zu hemmen suchen, wurden beseitigt. Dazu war insbesondere erforderlich, daß die Schulaufsicht in den Kreisen allmählich in die Hände pädagogisch erfahrener Schulmänner gelangte. In dem Etat von 1876 befinden sich bereits 155 weltliche Kreisschulinspectoren, welche ihre Stelle als Hauptamt versehen. Am dringendsten war das Bedürfniß nach dieser Aenderung in den mit polnischer Bevölkerung gemischten Provinzen sowie in den ultramontanen Bezirken des Westens. Auch die lokale Inspection mußte hier den Geistlichen mehr und mehr entzogen werden, da sie sich mit den bürgerlichen Gesetzen in Widerspruch gesetzt hatten. Selbstverständlich war bei der Lage der Dinge die allmählige Entfernung der geistlichen Orden, der Schulschwestern und Schulbrüder aus den Unterrichtsanstalten. Die freiere und weitsinnigere Auffassung des Zwecks der Volksschule sprach sich in den neuen Regulativen vom 15. October 1872 aus, durch welche die alten Stiehl'schen Regulative beseitigt wurden. Das Wesen dieser letzteren lag keineswegs in einer weisen Beschränkung des Lehrstoffs, sondern in der Zurechtmachung desselben für sehr einseitige Zwecke, in der mechanischen Dressur und der Vollpfropfung der Köpfe mit kirchlichem Gedächtnißwerk. Nach dieser Tendenz war sowohl die Volksschule, wie die Bildungsanstalt für den angehenden Lehrer, das Seminar, geordnet; der letztere wurde mit voller Absichtlichkeit von der Berührung mit allgemeinen Bildungsmitteln, insbesondere mit den „sogenannten" deutschen Classikern, ferngehalten. Dieser, leider nur zu lange wirksam gewesene Versuch, das Volk an eine künstlich zurechtgemachte, der kirchlichen wie der politischen Reaction dienende geistige Nahrung zu gewöhnen, ist durch die neuen Regulative beseitigt, wobei freilich sorgsam darauf gehalten werden muß, daß die Erweiterung der Unterrichtsziele in Geschichte, Geographie, sowie in Raum- und Zahlenkenntniß nicht über die Lehr- und Lernkraft hinausgeht und zum oberflächlichen Vielerlei führt.

Ist der Geist der Unterrichts**leitung** ein besserer geworden, so hat es dagegen leider noch immer nicht gelingen wollen, das gesammte Bildungswesen der Nation auf die feste Grundlage eines **Unterrichtsgesetzes** zu stellen. Es liegt das an Schwierigkeiten mannigfacher Art, namentlich an dem Zusammenhang, in welchem das Unterrichtsgesetz, welches die Rechte und Pflichten der Gemeinden und der größeren communalen Verbände auf der einen, des Staats auf der andern Seite feststellen soll, mit der noch im Werden begriffenen neuen Verwaltungsorganisation nothwendig steht. Aber eine schlimme Folge dieses Mangels an jeder gesetzlichen Grundlage war es, daß bisher die Abschätzung der Leistungsfähigkeit der Gemeinden lediglich in der Hand büreaukratischer Behörden lag, die nur zu oft vom grünen Tisch aus und ohne Lokalkenntnisse ihr Urtheil fällten. So ist es gekommen, daß trotz der reichen Staatszuschüsse der letzten Jahre viel Unzufriedenheit hervorgerufen ist, weil die Regierung als Bedingung ihrer eigenen Zuschüsse zugleich den Gemeinden höhere Beiträge abverlangte, ohne daß es für das Maaß dieser Beisteuer feste und gleichmäßige Regeln gab. Diese Regeln muß das Unterrichtsgesetz feststellen; es muß, indem es die Selbstverwaltungsorgane bei Bemessung und Vertheilung der Schullast heranzieht, Ueberbürdung verhüten, und da wo die Kräfte der Gemeinden nicht ausreichen, die Gesammtheit eintreten lassen.

Die Fragen welche das Unterrichtsgesetz zu lösen hat, sind ebenso mannigfaltig als schwierig. Schon die Entscheidung darüber, wer in Zukunft der **Hauptträger** der Schullast sein soll, die Gemeinde oder der Kreis oder gar der Staat, ist nichts weniger als leicht. Das Organ der „Agrarier" hat freilich, um Lehrer und Gemeinden gleichzeitig zu ködern, neuerdings die Parole ausgegeben, daß die Volksschule ausschließlich aus den Mitteln des Staats unterhalten werden solle.

Dann brauchen die Gemeinden nichts zu zahlen und der Lehrer wird von ihnen unabhängig. Leider verräth der Moniteur der Agrarier nur nicht, welche anderweitigen bedenklichen Folgen dies für beide Theile haben würde. Die Leistungen der Gemeinden lediglich für die Lehrergehälter an den öffentlichen Elementarschulen betragen heute einschließlich des Schulgeldes zwischen 13—14 Mill. Thaler, also rund 40 Mill. Mrk. Soll der Staat diese Summe aus seiner Tasche zahlen, so muß er neue Steuern erheben, welche wieder von den Gemeinden zu zahlen sind. Nur ein Unterschied würde dabei eintreten: Die Elementarschule kostet in den Städten, wenigstens den mittleren und größeren erheblich mehr, als auf dem platten Land, weil Lebensunterhalt, Wohnung u. s. w. theurer sind. Man kann den Unterschied daran sehen, daß im September 1874 das durchschnittliche Gehalt eines städtischen Lehrers — abgesehen von Wohnung und Feuerung — 399 Thaler, das eines ländlichen nur 279 Thaler betrug. Eine städtische Lehrerin bezog im Durchschnitt 264 Thaler, eine Lehrerin auf dem Lande 224 Thaler. Nun gab es damals in den Städten 15,125 Lehrer und 2,065 Lehrerinnen*). Dieselben verursachten also — 1,897,000 Thaler Kosten mehr, als die gleiche Zahl auf dem Lande. Zu diesem Betrag kommen dann noch die sehr viel kostspieligeren Schulbauten der Städte. Werden die Ausgaben für ländliche und städtische Volksschulen aus dem Einen Säckel des Staats bezahlt, so muß der ländliche Steuerzahler jenes Mehr, welches man auf mindestens 9 Millionen Mark veranschlagen kann, mitbezahlen, während der Städter nur an den geringeren Ausgaben der Landschulen Theil nimmt. Der ländliche Grundbesitzer mag aus diesem einen Beispiel wieder einmal sehen, wie tief er seine eigensten Interessen schädigt, wenn er sich der Leitung unwissender Agitatoren hingiebt. Jeder verständige Lehrer aber muß begreifen, daß wenn der Staat plötzlich 40 Mill. Mark übernehmen soll, blos um die bisherigen Lehrergehälter der Volksschule an Stelle der Gemeinden zu decken, er wenig Lust haben wird, die Gehälter, z. B. durch ausreichende Alterszulagen für die älteren Lehrer, zu verbessern. Am wenigsten würde er dazu Lust zeigen, wenn etwa die agrarischen Junker über das Maß seiner Freigiebigkeit zu entscheiden hätten. —

Abgesehen von der Volksschule, ihrer Unterhaltung und Beaufsichtigung sind durch das Unterrichtsgesetz auch für das mittlere und höhere Schulwesen viele schwierige Aufgaben zu lösen, zu deren wenn auch nur

*) Diese Zahlen sind der genauen officiellen Statistik, welche das Cultusministerium am 8. Februar 1875 dem Abgeordnetenhause vorlegte, entnommen.

flüchtigen Skizzirung hier der Raum fehlt. Angedeutet sei nur noch, daß unser höheres Schulwesen viel zu einseitig blos für die Vorbildung des Gelehrten- und Beamtenstandes sorgt, daß es uns an der Mittelschule für den Bürgerstand, daß es unsern Gewerbtreibenden und Handwerkern an den richtigen technischen Vorbildungsanstalten fehlt. Hier wie in der Weiterentwicklung der Schulen für die Landwirthschaft, der Fortbildungsanstalten, Zeichnen- und Sonntagsschulen für die Lehrlinge, und zwar für diese mit obligatorischem Besuch, liegen die eigentlichen Hebel, um aus unsern heutigen sehr bedenklichen Zuständen herauszukommen. Die sogenannten Provinzialgewerbeschulen sind in ihrer jetzigen Gestalt Mißbildungen; sie geben weder dem gewerblichen Mittelstand die für ihn nöthige praktische und allgemeine Bildung, noch sind sie fähig zur Vorbereitung für die höchsten technischen Lehranstalten zu dienen. Auch diese traurigen Mißstände sind auf die Unfähigkeit der Minister und Beamten zurückzuführen, welche die altconservative Partei uns seit 1850 gestellt hatte. Die sehr dringliche Reform wird leider schwerlich innerhalb des Unterrichtsgesetzes vollzogen werden können, da bei der einseitigen theologischen Richtung der früheren Unterrichtsminister, die Collegen derselben genöthigt waren, die technischen Unterrichtsanstalten an sich zu nehmen, und ein jeder für sein Ressort, so gut oder schlecht es gehen wollte, selbst zu sorgen. —

Eine lebhafte Agitation hat sich neuerdings gegen die sogenannte confessionslose Schule gerichtet. Ultramontane und Deutsch-Conservative kämpfen gemeinsam dagegen und für die christliche confessionelle Schule; d. h. sie malen ein Gespenst an die Wand, wodurch das Volk erschreckt und über die Absichten der Regierung wie der Liberalen irre geführt werden soll. Von einzelnen Radicalen abgesehen, hat in Deutschland kein Minister und keine Partei an eine religionslose Schule oder an einen nicht-confessionellen Religionsunterricht gedacht. Der in Holland gemachte Versuch, Schulen ohne Religionsunterricht zu gründen, würde der deutschen Volksgesinnung wenig entsprechen. Die Frage, um die es sich handelt, ist nur die, ob unter allen Umständen in derselben Schule nur die Schüler einer Confession sitzen dürfen. Wer diese Frage bejaht, geht noch hinter das allgemeine Landrecht zurück, nach welchem die öffentlichen Schulen den Unterthanen jeder Confession zugänglich waren. Die weitere Frage ist die, ob die Schulverbände oder die Gemeinden berechtigt sein sollen, statt getrennter Schulen für jede Confession, eine gemeinschaftliche für alle Confessionen einzurichten, wenigstens dann wenn sie dadurch die Kosten der Unterhaltung sich erleichtern oder aus den mehrern dürftigen Schulen eine gute und vollständige machen können. Eine solche Berechtigung wird man vernünftiger Weise den Gemeinden nicht absprechen wollen. Endlich fragt es sich, ob nicht in Ausnahmefällen auch die Verwaltung selbst die Gemeinde zur gemeinschaftlichen Schule nöthigen darf, wenn die Mittel zur Unterhaltung der mehreren Schulen nachweisbar nicht ausreichen oder die Leistungen dieser Schulen ungenügend sind. Denn die Verwaltung hat die Pflicht für guten Unterricht zu sorgen und darf sich darin nicht durch clericalen Fanatismus stören lassen. Für den confessionellen Religionsunterricht auch der Minderheit hat sie selbstverständlich nach Kräften Fürsorge zu treffen. Besonders in solchen Landstrichen, wo wie z. B. in Posen Nationalität und Confession zusammenfallen, die Abscheidung nach Confessionen also zugleich die Abscheidung der Polen von dem deutschen Leben fördert, hat jede einigermaßen intelligente Verwaltung nicht die Trennung, sondern die Gemeinsamkeit zu fördern. Es ist dies gradezu eine politische Pflicht und eine deutsche Culturaufgabe. Wenn die Ultramontanen dagegen ankämpfen, so ist dies verständlich, denn sie sind die Bundesgenossen der Polen; wenn aber die „Deutsch-Conservativen" ihnen diese Wahlparole nachsprechen, so sieht man auch hier wieder, wie wenig der Horizont dieser Partei an unsere wichtigsten Staats- und nationalen Interessen heranreicht. Wir haben in dieser Session ein Gesetz über die deutsche Amts- und Geschäftssprache in nichtdeutschen Landestheilen gegeben, und dadurch den ernsten Willen bekundet, die Germanisirung der polnischen Bezirke endlich in die Hand zu nehmen. Aber weit wirksamer als dieses Gesetz würde, wenigstens für die gemischten Gemeinden, die gemeinsame Schule sein. Eine jede solche Anstalt wäre ein Heerd der Propaganda für das Deutschthum. Und sie soll es sein. Aber die „Deutsch-Conservativen" ziehen es vor, wenn auch vielleicht nur aus Unkunde, statt der deutschen, die polnisch-römische Propaganda durch ihr Programm zu unterstützen.

Die Gerechtigkeit erfordert, daß wir nicht blos auf die Mängel unseres Unterrichtswesens und die zukünftigen Wünsche, sondern auch auf die bedeutenden materiellen Leistungen der letzten vier Jahre hinweisen. Zur Zeit des altconservativen Herrn v. Mühler brauchte man Jahre, um auch nur die armselige Pension von 50 Thalern für die hungernden Lehrerwittwen vom Staat herauszupressen. Die Lehrer hungerten weiter, und wenn die Gemeinden nichts bezahlten, der Staat bezahlte sicherlich gar nichts. Von 1850 bis 1872 haben die Staatszuschüsse für die Lehrergehälter, abgesehen von einem einzigen ganz dürftigen Betrag, überhaupt kaum zugenommen. Erst seit 1872 hat der Staat sich geregt und begriffen, daß die allgemeine Schulpflicht und Volksbildung eine schöne Phrase bleibt, wenn die Mittel der Gesammtheit nicht überall eingreifen und die schwächeren Glieder unterstützen. Der ordentliche Etat des Cultusministeriums, der bis 1872 nur 21,407,000 Mk. betrug, ist bis zum Jahre 1876 auf 44,700,000 Mk. gestiegen. Die Verwendungen vermehrten sich innerhalb dieser vier Jahre für die Universitäten um 2,168,000 Mk., für die Gymnasien und Realschulen um 2,541,000 Mk., für das Elementarschulwesen um 12,590,000 Mk. Für Kunst und Wissenschaft hatten sich im Vergleich zum Jahr 1872 die Ausgaben um 1,276,000 Mk., für Cultus und Unterricht gemeinsam um 3,697,000 Mk. gesteigert. Von dieser letzten Summe fallen 2,750,000 Mk. auf die Verbesserung der Pfarrgehälter bis zu dem Minimum von 800 und bei älteren Geistlichen von 1000 Thalern. Ein neuer Normaletat befriedigte die Lehrer der höheren Anstalten; wozu dann noch die Wohnungsgeldzuschüsse kamen, die freilich bei den städtischen Schulen erst allmählig nachfolgen. Zuletzt wurde auch die Verbesserung der Seminarlehrer nachgeholt, nachdem die Minimalgehälter der Volksschullehrer auf das Maß von 250—300 Thaler, und die Alterszulagen auf den noch unzureichenden Betrag von 30 und 60 Thaler gebracht waren. Bei allen diesen Maßregeln folgten die Liberalen nicht blos der Regierung, sondern sie gaben vielfach den treibenden Anstoß. — Um anschaulich zu machen, wie gering der Staatszuschuß für die Volksschule zur Mühlerschen Zeit im Vergleich zu heute war, stellen wir noch die Jahre 1868 und 1876 zusammen. Damals gab der Staat für das Elementarschulwesen 3½ Mill. Mk., heute giebt er 18 Mill. Mk. Sein Beitrag hat sich mehr als verfünffacht, und derselbe ist, da die mittleren und größeren Städte, mit Ausnahme des Seminarwesens, für sich selbst sorgen müssen, ganz überwiegend dem platten Land und den kleinsten Städten zu Gute gekommen. Diese Zahlen beweisen, daß mit der inneren Reform unseres Unterrichtswesens auch die materielle Fürsorge für die Volksbildung Hand in Hand gegangen ist*).

*) Der Raum gestattet leider nicht, hier noch auf die reichlicheren Aufwendungen für Landesculturzwecke einzugehen, oder die Gesetze aus dem landwirthschaftlichen Ressort, die Ablösungsgesetze u. s. w. zu verfolgen. Wir verweisen in dieser Hinsicht auf die Broschüre „Die Agrarier, was sie versprechen und was sie sind". Berlin bei G. Reimer. 1876.

14.

Aus der letzten Reichstagssession. Invalidenfonds und Strafnovelle. Organisation der Reichsbehörden.

Die Gesetzgebung, die wir bisher skizzirt haben, kam durch ein freies Zusammenwirken der Regierung mit der Volksvertretung zu Stande. Den Grundstock der parlamentarischen Mehrheit im Reichstag wie im Landtag bildete die nationalliberale Partei; an sie lehnten sich nach rechts die Freiconservativen, nach links die Fortschrittspartei. In den großen Fragen der Durchführung der nationalen Einheit, in den kirchenpolitischen Kämpfen sowie in den meisten, die Selbstverwaltung in Preußen betreffenden Vorlagen standen beide Parteien mit den Nationalliberalen zusammen. Bei der Lösung der Militärfrage durch die siebenjährige feste Präsenzziffer, bei manchen, das Maß der Verwaltungsbefugnisse z. B. in Elsaß-Lothringen betreffenden Punkten, bei dem Compromiß über die Provinzialordnung, der Synodalverfassung u. s. w. bestand die Mehrheit aus den Nationalliberalen, den gemäßigten conservativen Schattirungen und einer Minderheit der Fortschrittspartei. In der natürlichen Stellung der Fraktionen lag es, daß die letztere Partei die Nationalliberalen in den politischen Freiheitsfragen, in den Steuer- und Etatssachen unterstützte, selber aber in der Beschränkung der Staatsautorität und der Verwaltungsanforderungen vielfach weiter ging, als es jene glaubten verantworten zu können. Erwägt man, daß unsere constitutionellen Zustände vorläufig noch nicht so weit gereift sind, um die Minister aus dem Parlamente hervorgehen zu lassen, daß also die Mehrheit eine Regierung unterstützt, an deren Zusammensetzung sie keinen Antheil hat, deren Gesetzvorlagen mitunter nicht einmal in Fühlung mit ihr entworfen sind, auf deren Verwaltungsmaßregeln sie wenig Einwirkung übt, obwohl sie dafür gleichsam mitverantwortlich gemacht wird, — so wird klar, ein wie hohes Maß nationaler Gesinnung und politischer Verständigkeit von Seiten der Mehrheit dazu gehörte, um ein sechsjähriges fruchtbares Zusammenwirken überhaupt möglich zu machen. Die extremen Parteien tobten gegen die gemäßigte Gesinnung der Nationalliberalen. Ihre Zeitungen überboten sich in Kraftausdrücken über die Schwächlichkeit der „Partei Bismarck avec phrase", die den reichsfeindlichen Bestrebungen einen festen Damm, der leeren Verneinung ein positives Schaffen entgegenstellte. Diese Schmähungen aus dem ultramontanen, particularistischen und radicalen Lager waren die schlagendste Widerlegung der Angriffe, welche von Rechts kamen und der Partei Unzuverlässigkeit, Doctrinarismus, Herabgleiten auf der schiefen Ebene nach Links vorwarfen. Die Parteien der Mitte haben immer das Glück, daß man von zwei Seiten auf sie losschlägt, wogegen sie sich indeß leicht waffnen können, wenn sie die sich gegenseitig aufhebenden Vorwürfe mit Gleichmuth ertragen.

Reibungen freilich konnten bei der Selbstständigkeit der zusammenwirkenden Faktoren nicht ausbleiben. Bei der Berathung des Gesetzes von 1871 über die Vereinigung Elsaß-Lothringens mit dem Reich, und bei dem sogenannten Majunke-Fall im December 1874 gab es Differenzen, die indeß bald zur Befriedigung beider Theile geschlichtet wurden. Ernster und dauernder dagegen schienen die Gegensätze in der letzten Reichstagssession zu werden.

Als sie eröffnet wurde, hatte bereits Monate hindurch in conservativen Blättern aller Art eine Hetze gegen die nationalliberale Partei begonnen. Die Tendenz ging dahin, die „liberale Gesetzgebung“ für alle wirthschaftlichen Nothstände verantwortlich zu machen, für den Rückschlag sowohl, der nach einer Periode der Ueberproduction in unserer Industrie eingetreten war, wie für die Gründungen der Schwindelperiode und die Verluste, welche ein großer Theil des Mittelstandes dabei gehabt hatte. Die aus bekannten Ursachen vorübergehend verminderten Reinerträge der Eisenbahnen hatten alle Eisenbahnactien und seit Ende 1875 sogar die nicht garantirten Prioritäten stark gedrückt. Das Mißtrauen des Publikums war jetzt ebenso maßlos, wie drei Jahre früher das Vertrauen. Nun waren sowohl die 1873 zur Dotirung der Provinzen reservirten 2 Millionen Thaler, als auch der große in demselben Jahr gegründete Invalidenfonds nebst einigen verwandten Fonds zu erheblichen Theilen in Eisenbahnprioritäten angelegt. Der erstere Fonds sollte am 1. Januar 1876 an die Provinzen vertheilt werden und für den letzteren war die Anlage in nichtgarantirten Prioritäten nach dem Gesetz nur bis Ende 1876 zulässig, und es mußte also, um Verluste beim Verkauf zu vermeiden, die Ermächtigung gesetzlich verlängert werden. Für jeden halbwegs sachkundigen Mann war es klar, daß es sich in beiden Fällen um keine reellen Verluste, sondern nur um die Vermeidung eines Verkaufs während der momentanen Krisis handelte. Die Provinzen brauchten nicht zu verkaufen, da sie Baarmittel mehr als genug bekamen; der Invalidenfonds brauchte noch weniger gerade diese Sorte seiner Effecten zu verkaufen, da die Zinsen des Fonds schon fast allein die Pensionen deckten. Auch der (aus politischen Gründen) am meisten bestrittene Theil dieser Prioritäten, die Halle-Sorau-Gubener und die Hannover-Altenbekener, waren, wie in den Verhandlungen des Reichstags und Landtags mit unwiderleglichen Zahlen nachgewiesen wurde, in ihren Erträgen wie in ihren Capitalien unbedingt gesichert. Man konnte behaupten, daß es nicht zweckmäßig gewesen sei, für den Invalidenfonds eine so bedeutende Summe in einem nur vorübergehend zulässigen Papier anzulegen. Bei näherer Nachforschung kam man auch bald auf das Motiv dazu. Die Reichsregierung hatte die ungeheure Summe möglichst rasch zu guten Zinsen unterbringen wollen, um den für jeden Tag hochauflaufenden Zinsverlust zu vermeiden. Sie hatte freihändig an der Börse wenig kaufen können, um den Kurs nicht in die Höhe zu schnellen. Die auswärtigen Papiere hatte sie aus Besorgniß vor politischen Krisen vermieden, die deutschen Staaten waren nur mit geringen Anleiheforderungen gekommen, und so wurde zu den grade sich darbietenden, neuen Emissionen der Eisenbahngesellschaften gegriffen. Aber dieses, nachträglich leicht zu kritisirende und jedenfalls nicht blos gesetzmäßige, sondern auch unbedingt integre Verfahren wurde nun zum Gegenstand der nichtswürdigsten Beschuldigungen gemacht. War die Schwindelperiode schlimm gewesen, so war die Verläumdungsperiode jedenfalls nicht besser. Es wurde Stil der conservativ-agrarischen wie der ultramontanen Presse, die Leiter des Finanzwesens Delbrück und Camphausen zu verdächtigen, in dem Volk die Meinung zu verbreiten, als ob unsere Beamtenwelt corrumpirt sei, die Nationalliberalen als „Börsenliberale“ zu beschimpfen und die Vorstellung zu wecken, als sei zwischen den als liberal geltenden Ministern und den liberalen Abgeordneten allerlei Ungeheuerliches in Geldsachen abgekartet.

Dieser Spuk verschwand durch die öffentliche Verhandlung im Reichstag und Landtag, aber er erregte doch, da der politische Hintergrund des Verläumdungsgeschäfts ersichtlich war, große Erbitterung. Es kam dazu, daß bisher für officiös gehaltene Organe es sich zur Aufgabe machten, die „liberale“, von der Regierung mitbeschlossene Gesetzgebung anzugreifen und sie zum Sündenbock für alle wirthschaftlichen Kalamitäten zu machen. Eine allgemeine Rechtsschwenkung schien in politischen Sachen, wie in denen des Handels und der Gewerbe bevorzustehen. In diese Stimmung hinein traf die Strafnovelle.

Man konnte sie in der großen Mehrheit ihrer Vorschläge durchaus nicht politisch-reactionär nennen. Vielmehr bezogen sich dieselben auf Mißstände des Strafgesetzbuchs, deren Heilung dringend geworden war. Die Ausdehnung der Antragsdelicte hatte zu schweren Uebelständen geführt, sie mußte beschränkt werden. Das Strafgesetzbuch hatte die alte Dreitheilung der Körperverletzungen beseitigt und dadurch veranlaßt, daß unzählige sehr strafwürdige Angriffe auf die Person des Bürgers als leichte Körperverletzungen mit der geringsten Strafe wegkamen. Hier wie bei dem Schutz der polizeilichen Beamten, welche in unmittelbarer Berührung mit dem Volk die Gesetze zu vollstrecken haben, hatte die Herabsetzung der Minimalstrafe bis auf einen Tag und einen Thaler bedenkliche Folgen gehabt. Denn der Richter setzte mechanisch auch sein Strafmaß herab, während die Absicht des Gesetzes gewesen war, daß er die Möglichkeit haben sollte, für einzelne, ganz leichte Fälle bis an jene niedrigste Grenze zu gehen. Die Novelle umfaßte noch eine Reihe anderer Aenderungen aus den verschiedensten Lebensgebieten, die als Verbesserungen anerkannt werden mußten. In all diesen Punkten war die Verständigung mit dem Reichstag leicht. Er war auch sehr bereit, den Kanzler bei den sogenannten Arnim- und Duchesneparagraphen zu unterstützen. Nur die mangelhafte juristische Form wurde umgewandelt, der Gedanke aber acceptirt. Dagegen blieben einige politische Paragraphen übrig, die rundweg abgelehnt werden mußten, weil sie die Grundbedingung eines freien Staatslebens, die Discussionsfreiheit, bedrohten, und an die Stelle der scharfen Begrenzung der strafbaren Handlung unbestimmte und je nach der subjectiven Auslegung des Richters dehnbare Begriffe setzten. Zu diesen abgelehnten Vorschlägen gehörte auch die Abänderung des § 130, welche gegen die Socialdemokraten gerichtet war, und fortan nicht blos das Aufreizen der verschiedenen Klassen der Bevölkerung zu Gewaltthätigkeiten, sondern ganz allgemein die Aufreizung, und außerdem die Angriffe auf die Institute der Ehe, der Familie und des Eigenthums in öffentlicher Rede oder Schrift straffällig machen wollte. Die Kehrseite dieser Aenderung war, daß danach überhaupt jede energische Polemik gegen irgend eine politische Partei, z. B. gegen die Liberalen von conservativer Seite, oder gegen die Deutsch-Conservativen, Agrarier und Junker von liberaler Seite, als „Aufreizung“ dem Strafgesetzbuch verfallen wäre. Natürlich, daß ein solcher Vorschlag von allen, auch den conservativen Fraktionen verworfen wurde. Aber auch die Strafbarkeit der Angriffe auf die Institute der Ehe u. s. w. wurde von der großen Mehrheit abgelehnt, weil die Socialisten viel zu schlau sind, um sich in dem Netz eines solchen Paragraphen fangen zu lassen. Denn sie bekämpfen ja nach ihrer Behauptung nicht die wahre Ehe, sondern nur die falsche, im Geldinteresse geschlossene Ehe der besitzenden Klassen, sie bekämpfen nicht das Eigenthum, sondern nur die Ausbeutung des Arbeiters durch das Capital, welches jenem den vollen Arbeitsertrag vorenthält u. s. w. Ein Strafparagraph, wie er hier vorgeschlagen war, würde die communistische Agitation in Presse und Vereinen in ihren Ausdrücken etwas vorsichtiger gemacht, aber sie nicht gehemmt haben. Diese Ansicht und durchaus nicht die Geringschätzung der Gefahren des Socialismus, auch nicht die Meinung, daß man eine, alle sittlichen, religiösen und rechtlichen Grundlagen des Gemeinwesens befeindende Partei mit Sammethandschuhen anfassen müsse, — hat zur Verwerfung des Regierungsvorschlages geführt. Der Socialismus wird wachsen, so lange die besitzenden Klassen träge bleiben und sich unter einander zerfleischen. Das heutige Streben, aus den Volksvertretungen einseitige Interessenvertretungen zu machen, an die Stelle des allgemeinen Wohls, der Rechte und Interessen Aller, die egoistischen Wünsche eines einzelnen Standes zu setzen, begünstigt die Verbreitung der Partei, welche den Arbeiterstand als solchen zu vertreten vorgiebt. Das Aufeinanderhetzen von Stadt und Land, von Grundbesitzern und Capitalisten, der innere Krieg der besitzenden Klassen schafft denen Raum, welche alles Eigenthum, das mobile und das immobile, in den einen großen Topf der communistischen Gesellschaft werfen wollen. Die Jagd nach raschem und leichtem Gewinn mit guten und schlechten Mitteln, wie sie in der Periode von 1871—73 epidemisch war, hat die Heiligkeit des Eigenthumsbegriffes schwer erschüttert, denn nur als Frucht der Arbeit, der eigenen oder der der Vorfahren, ist er unantastbar. Seitdem aber arbeitet die conservativ-agrarische Partei an der Erschütterung fort, indem sie die Staatsverwaltung, das Erwerbsleben in den Städten, ganze Klassen und Parteien als corrumpirt darzustellen sucht. Ist unsere Gesellschaft zur Hälfte verfault, auf Schwindel und Betrug gegründet, so hat der Socialist ein Recht, sie umzustürzen. Zu der „zunehmenden Verwilderung, die die Achtung vor Gesetz und Obrigkeit untergräbt", hat diese Art von Presse nicht weniger beigetragen, als die der Ultramontanen und Socialisten. —

Zuletzt sei hier noch flüchtig darauf hingewiesen, wie mit der Entwickelung der Gesetzgebung und Verwaltung des Reichs auch der Organismus der Reichsbehörden ein vollständigerer geworden ist. Die Geschäfte des Präsidenten des Reichskanzleramts nahmen so zu, daß allmählich einzelne Abtheilungen abgetrennt und als selbstständige Verwaltungszweige neben das Reichskanzleramt gestellt wurden. So die Post und Telegraphie, die jetzt unter dem Generalpostmeister vereinigt ist. Das Kriegsministerium trägt einen gemischten Charakter und ist theils preußische, theils Reichsbehörde, thatsächlich aber führt der Kriegsminister die Verwaltung des deutschen Militärwesens, soweit die Separatstellung Bayerns und die Conventionen mit Sachsen und Württemberg nicht Ausnahmen bedingen. Der Chef der Admiralität steht als Reichsbeamter unmittelbar unter dem Reichskanzler. Ebenso der Präsident des 1873 geschaffenen Reichseisenbahnamts. Abgezweigt von dem Reichskanzleramt sollen jetzt noch werden das Reichsjustizamt und die Abtheilung für Elsaß-Lothringen. Die Organisation ist also soweit vorgerückt, daß die Elemente zur Bildung eines Reichsministeriums vorhanden sind. Die fünf Ministerien für das Kriegswesen, die Marine, die auswärtigen Angelegenheiten, die Justiz, das Verkehrswesen, zu denen als sechstes, wenn das Reichseisenbahnproject weiter verfolgt wird, das Reichsfinanzministerium ohne Zögern hinzutreten müßte, sind in ihren Umrissen gegeben. Aber die Chefs dieser Verwaltungsgruppen sind heute nur Organe des allein verantwortlichen Reichskanzlers. Auch die Ministertitel ändern nichts daran, daß ihnen die eigene Verantwortlichkeit und damit die Selbstständigkeit des Ministers fehlt. Dieser letzte und schwierigste Schritt muß erst noch gethan werden. Indeß der Gegensatz der Anschauungen, der früher hierüber zwischen dem Kanzler und den Liberalen zu bestehen schien, ist seit den Reichstagsverhandlungen im Herbst 1874 wesentlich geschwunden. Schon damals gab der Kanzler zu, daß für das Technische der einzelnen Ressorts nicht er, sondern nur der Ressortchef selbst die Verantwortlichkeit tragen könne, daß es aber für den Leiter der gesammten Politik ein Mittel geben müsse, um die einzelnen Minister in der allgemeinen Richtung derselben zu erhalten, sei es durch eingreifende Verfügung wie jetzt, sei es durch das Vorschlagsrecht bei Bildung und Aenderung des Cabinets. Auch die Mehrheit des Reichstags erkannte jenes Bedürfniß der Einheit an. Wie es zu befriedigen und mit der selbstständigen Verantwortlichkeit der Ressortchefs zu vermitteln ist, gehört zu den wichtigsten Aufgaben der Zukunft, deren Lösung durch die Stellung des Bundesraths im Organismus des Reichs weit mehr erschwert wird, als durch die überragende Persönlichkeit des Kanzlers.

15.

Die wirthschaftlich-politische Reaction. Schlußbetrachtung.

Die Darstellung, an deren Ende wir hiermit angelangt sind, kann nicht den Anspruch auf Vollständigkeit machen. Vieles, wobei die Thätigkeit des Parlaments weniger hervortrat, wie die Fortschritte in unseren Posteinrichtungen oder in der Marine, ist nur flüchtig oder gar nicht berührt, manche Specialgesetze sind in den Hintergrund getreten, einzelne Veränderungen von allgemeinerer Natur auch wohl übersehen worden. Die Aufgabe, aus einer so überwältigenden Stoffmasse das Wesentliche herauszulösen und zu gruppiren, ist so schwierig, daß die Nachsicht des Lesers die Mängel und Lücken der Ausführung decken muß. Wenigstens ging der Versuch von der Absicht aus, die Thatsachen überall unbefangen darzustellen und die Vertheidigung der eigenen Partei lediglich dadurch zu führen, daß man das, was geleistet ist, sprechen läßt.

Die nationalliberale Partei bedarf keines neuen Programms. Ihr Programm ist die Fortentwickelung dessen, was seit sechs Jahren im Reich wie in Preußen begonnen ist. Fast jeder Abschnitt unsers Berichts hat mit der Darstellung des Geschehenen zugleich die zukünftigen Ziele hingestellt. Wie das was zur Einheit und Stärkung des Reichs, zur Beiseitigung der Reste des Feudalismus in Preußen, zur Pflege der allgemeinen Volksbildung, zum Schutz der Gewerbe, zur Förderung des Arbeiterstandes u. s. w. gethan ist, nicht aus Willkühr geschah, sondern für nationalgesinnte, praktisch verständige und der bürgerlichen Freiheit ergebene Politiker sich aus der Lage der Dinge ergab, so sind auch die Aufgaben der Zukunft nicht willkührliche, sondern nur der Fortbau dessen, was bisher schon feste Umrisse gewonnen hat. Wir müssen am Reich weiter arbeiten auf dem Wege der Rechtseinheit, auf dem Wege der Durchführung der Verfassungsvorschriften für unser Verkehrswesen, auf dem Wege der Steuerreform zur Ausbildung eines selbstständigen Reichsfinanzsystems, zur Erleichterung drückender und zur Ausgleichung ungleichmäßiger Steuern, wie des Immobilstempels und der Gewerbesteuer; endlich auf dem Wege der Fortbildung nicht blos der Gesetze, sondern auch der Organe unserer Reichsverwaltung. Wir müssen ebenso in Preußen fortführen, was wir an die Stelle des alten Feudalismus oder der alten

Bureaukratie zu setzen begonnen haben. Die Grundsätze der Selbstverwaltung müssen auf die ganze Monarchie ausgedehnt und in einer freisinnigen, den ländlichen Mittelstand vor dem Uebergewicht des Gutsbezirks schützenden Gemeindeordnung vollendet werden. Wir müssen die in der vorigen Session gescheiterte Reform der Städteordnung wieder aufnehmen, unser der Besserung sehr bedürftiges Communalsteuerwesen neu reguliren, den öffentlichen Unterricht auf gesetzliche Grundlagen stellen, damit das bloße Verwaltungsbelieben in der Bemessung der Unterhaltungspflicht ein Ende nimmt, die Pflichten der Gemeinden und des Staats bestimmt, die Organe der Aufsicht geordnet, die verschiedenen Klassen der Lehranstalten dem Bedürfniß der Gegenwart gemäß reformirt werden. Die erhöhte Thätigkeit, die wir seit 1872 auf lange vernachlässigte Landesculturzwecke verwandt haben, muß fortgesetzt und neben der Verstärkung unseres Bahnnetzes die Sorge jetzt vor allem darauf gerichtet werden, durch Ausbildung unsers Kanalsystems der Industrie wie der Landwirthschaft die billigsten Wege zum Transport der Massenproducte zu schaffen.

Das und vieles Andere, was in den Abschnitten dieses Berichts Andeutung fand, gehört zu den Aufgaben der Zukunft. Ob diese Aufgaben in dem bisherigen nationalen und liberalen Geist gelöst, oder ob die politisch-wirthschaftliche Reaction, die materialistische Interessenvertretung, die Mischung von Junkerthum, Zunftthum und Schutzhändlerthum, welche sich heute gegen die liberale Gesetzgebung erhoben hat, den Sieg gewinnen werden, darüber haben die nächsten Wahlen zu entscheiden. Es kommt sehr wenig auf die einzelnen Personen der künftigen Abgeordneten an, denn Niemand ist unersetzlich. Auch findet man in der Regel, daß Männer, die eine Reihe von Jahren die Mühe und Last des parlamentarischen Lebens getragen haben, gern jüngern Kräften Platz machen. Wenn die Bevölkerung frisches Blut haben will, sie würden schwerlich etwas dagegen einwenden. Worauf es allein ankommt, ist die politische Richtung, in der wir bisher vorwärts geschritten sind. Es ist ein Zeichen der Jugendlichkeit constitutioneller Zustände, wenn in einem Volk die Strömungen plötzlich wechseln, wenn eine Provinz vor drei Jahren liberal, heute reactionär wählt. Es wäre ein Unglück für die Entwickelung des Reichs und des preußischen Staats, und vor allem für das Ansehen der Volksvertretung, wenn die nächsten Wahlen nicht beweisen sollten, daß wir aus dieser Periode der Jugendlichkeit, des plötzlichen durch oberflächliche Eindrücke entstehenden Gesinnungswechsels heraus sind.

Die Reaction schöpft ihre Nahrung vorzugsweise aus unsern üblen wirthschaftlichen Verhältnissen. Ihr Angriffspunkt sind hauptsächlich die Gesetze, welche in den Jahren 1867—70 vom norddeutschen Bund erlassen wurden, — die Freizügigkeit, der Unterstützungswohnsitz, die Gewerbeordnung. Aber innerhalb der sachkundigen Kreise, auch wenn man sie unter den entschiedensten Gegnern des Manchesterthums, unter den Socialpolitikern und den Freunden neuer gewerblicher Organisationen sucht, giebt es Niemanden, der die Nothwendigkeit jener Gesetze anzweifelte oder ihnen die Schuld für die heutigen Mißstände aufbürdete. Bei der Gründung des norddeutschen Bundes war die Freizügigkeit längst gültiges Recht in dem weitaus größten Theil des neuen Staatswesens. Sie bestand in den älteren Provinzen Preußens als staatsbürgerliches Grundrecht mindestens seit 1842, in Sachsen seit 1834; es war gänzlich unmöglich, die Vorschrift der Reichsverfassung über das gemeinsame Indigenat anders auszuführen, als indem man das, was in Dreiviertheilen des Bundesgebiets hergebrachte Einrichtung war, durch das Gesetz vom 1. November 1867 auf die Gesammtheit ausdehnte. Es war dies gar keine Specialforderung der Liberalen, sondern die conservativsten preußischen, sächsischen u. s. w. Staatsmänner waren genau derselben Ueberzeugung. — Das Unterstützungswohnsitzgesetz vom 6. Juni 1870 war wiederum eine unbedingte Folgerung der Freizügigkeit. Sobald Jedermann den Heimathsort verlassen, sich aufhalten, verehelichen, niederlassen konnte wo er wollte, war es unmöglich dem Heimathsort noch länger die Last seiner Unterstützung im Fall der Krankheit und Arbeitsunfähigkeit aufzuerlegen. Es wäre dies die schwerste Bedrückung gerade der Landgemeinden gewesen, aus denen ja mehr Personen in die Städte und Fabrikorte ziehen, als umgekehrt. In Preußen bestand daher das Gesetz seinem wesentlichen Inhalt nach schon längst; und zwar konnte der neue Unterstützungswohnsitz bei gehöriger polizeilicher Anmeldung schon durch einjährigen Wohnsitz, sonst durch dreijährigen Aufenthalt nach erlangter Großjährigkeit erworben werden. Die Kleinstaaten und die neuen Provinzen dagegen hingen noch an dem alten Heimathsbegriff, obwohl derselbe, consequent festgehalten, die ländlichen Gemeinden mit Lasten erdrücken mußte, und verlangten zur Loslösung von der Geburtsgemeinde einen dreijährigen Zeitablauf. So kam es, daß gegen die Absicht der preußischen Liberalen, als Compromiß zwischen den preußischen und den kleinstaatlichen Anschauungen, die zwei Jahre angenommen wurden. Eine Verkürzung dieser Zeit auf ein Jahr, und zwar vom 21. Lebensjahr, dem heutigen Alter der Großjährigkeit ab gerechnet, ist durchaus im Sinne der von dem Liberalismus stets geltend gemachten Ansichten. Dagegen ist der Voluntarismus, welchen die Agrarier vertreten, also die Aufhebung jedes staatlichen Zwanges zur Armenpflege, nichts anderes als die Wiederaufwärmung des äußersten Manchesterthums. Denn nur die extremsten Volkswirthe jener Schule haben früher die Ansicht verfochten, daß Gemeinde und Staat das Recht hätten, die Greise, Kinder und Kranken verhungern zu lassen, wenn die freiwillige Mildthätigkeit sich ihrer nicht annähme. — Endlich die Gewerbeordnung vom 21. Juli 1869 war in ihren wesentlichen Grundsätzen eine unvermeidliche Nothwendigkeit. Die Gewerbefreiheit bestand in Preußen bereits seit den Erlassen von 1810 und 1811, wenn auch in den vierziger Jahren einige Rückschritte gemacht wurden; sie bestand in Sachsen und Oldenburg, in Nassau und Bremen. Sie war in Würtemberg und Baden bereits 1862, in Bayern 1868 eingeführt. Wenn es eine Pflicht des norddeutschen Bundes war, die Gewerbeverhältnisse einheitlich zu regeln, so konnte, nachdem der weitaus größte Theil von Deutschland mit den mittelalterlichen Ordnungen gebrochen hatte, diese Regelung gar nicht anders geschehen, als auf der Grundlage der vollkommenen Gewerbefreiheit. Es war auch nicht möglich, den zurückgebliebenen Reichstheilen eine Uebergangszeit zu gestatten; seit der Einführung des gemeinsamen deutschen Indigenats, der Freizügigkeit und des Niederlassungsrechts, konnte man die Gewerbtreibenden in Cassel und Hannover unmöglich an Schranken binden, die in Dresden, Bremen oder Oldenburg nicht mehr galten. Es giebt gar keinen sinnloseren Lärm, als den gegen diese Grundartikel der wirthschaftlichen Gesetzgebung des norddeutschen Bundes.

Die Gewerbeordnung entkleidete die alten Innungen des Ausschließungsrechtes, ließ sie sonst aber bestehen, gab Bestimmungen über die Bildung neuer Innungen und verwandte überhaupt auf die Organisation der Innungen nicht weniger als 25 Paragraphen. Auch enthält sie die wohlgemeintesten Vorschriften über die Pflichten von Meistern, Gesellen und Lehrlingen in ihrem Verhältniß zu einander. Wenn gleichwohl diese Verhältnisse nichts weniger als befriedigend sind, so lag das nicht an dem Gesetz, sondern an weit älteren und tiefer liegenden Ursachen.

Das alte Prüfungswesen war längst zum Schein geworden, der Gesell und selbst der Lehrling war dem Hause des Meisters entfremdet. Nicht das Gesetz hat unser Handwerk aufgelöst, sondern das Eingreifen der Maschine, das Entstehen der Fabrikation im Großen, die Bildung neuer Gewerbe, der Betrieb auf Grund neuer Erfindungen und Entdeckungen und gesammelter Capitalkräfte. Solche Wandlungen in der Produktion kann keine staatliche Vorschrift hemmen. Nicht das Gesetz hat den Gesellen von dem Meister, den Lehrling vom Lehrherrn losgelöst, sondern durch die leichtere Möglichkeit, die eigene Arbeitskraft zu verwerthen, ist dies von selbst geschehen. Nicht durch das Gesetz ist die technische Leistungsfähigkeit unsrer Handwerker und vieler Gewerbe, insbesondre auch der mehr qualificirten Gewerbe gesunken, sondern dieses Sinken läßt sich schon seit Generationen beobachten; der Unterschied zwischen uns und anderen Ländern ist nur, daß wir erst jetzt zum Bewußtsein dieses Sinkens gekommen sind, während man in Frankreich und England den Rückschritt schon vor langen Jahrzehnten bemerkte und sich mit Energie dagegen aufraffte. Kein schlimmeres Geschick könnte das deutsche Volk treffen, als wenn heute, wo es aus dem Schlummer erwacht und seine zum Theil sehr bedenklichen gewerblichen Zustände erkennen lernt, jene conservativen Quacksalber sein Ohr gewönnen, welche ihm Heilung versprechen durch die Wiederherstellung der mittelalterlichen Zunft, des Prüfungswesens und der „umfriedeten“ d. h. durch hohe Schutzzölle und Schranken jeder Art geschützten Arbeit; welche statt die eigene Thatkraft, den Bildungstrieb, das Ehr- und Pflichtgefühl der gewerblichen und arbeitenden Klassen zu wecken, vielmehr durch äußerliche, vom Staat zu schaffende Organisationen ihnen Rettung versprechen. Wenn die neuconservative Partei dem Kleingewerbe durch die Schaffung „fester Ordnungen“ Heilung seiner Schäden verheißt, so ist dies genau dasselbe, als wenn sie dem Landmann durch Aufhebung der Hälfte der directen Steuern Hülfe zusagt. Es ist die scrupellose Ausbeutung leidender Bevölkerungsklassen zu Zwecken der politischen Reaction.

Wir werden an der Hand der Erfahrung die Mißstände wegschaffen müssen, welche die, nicht durch das Gesetz von 1869 hervorgerufene, sondern bereits vorhandene Auflösung der alten Ordnung und der Uebergang zu einer neuen Zeit im Gefolge gehabt hat. Die erste Sorge muß sich auf die Reform des Lehrlingswesens richten. Wie die Dinge heute liegen, haben wir allerdings keine Bürgschaft mehr, daß irgend ein junger Mensch, der als Lehrling ein Gewerbe anfängt, etwas ordentliches lernt. Die Vorschläge, dies zu bessern, sind sehr zahlreich und sie gehen abgesehen von der Reform des Lehrlingscontractes, hauptsächlich auf eine strenge und sachverständige Beaufsichtigung der Bildung des Lehrlings und auf die Gründung der dazu erforderlichen Anstalten hinaus. Die zweckentsprechenden Formen hierfür zu finden, ist die schwere Aufgabe der künftigen Gesetzgebung. Weiter bedürfen wir, wie man auch über die criminelle Bestrafung des Contractsbruchs denken mag, eines größeren Schutzes für die Einhaltung des Arbeitsvertrages, als er heute vorhanden ist. Ob man das Hamburger Gesetz vom 10. Mai 1875 zum Vorbild nehmen kann, welches die criminelle Bestrafung bei Seite läßt, aber dem Schiedsgericht das Recht giebt eine Entschädigungssumme und wenn diese nicht gesichert ist, eine sofort zu vollstreckende Haft zu beschließen, mag der Erwägung anheimgestellt sein. Endlich wird man die Hindernisse bei Seite schaffen müssen, (§ 97 der Gewerbeordnung) welche das Zusammentreten der verschiedenen Gewerbe zu Einer Organisation erschweren. Die Schranken der einzelnen Gewerbe sind längst gefallen. Wenn es möglich ist neue Organisationen zu schaffen, so wird es nur durch das Zusammentreten aller, nicht blos der gleichen oder der verwandten Gewerbe geschehen können. Die allgemeine Vereinsfreiheit gestattet auch jetzt schon solche Verbindungen, aber der Erlangung von Corporationsrechten würde die heutige Gewerbeordnung entgegenstehen. Freilich kann der Staat mit solchen Aenderungen eigentlich erst dann vorgehen, wenn die Bewegung innerhalb der Gewerbe selbst ihm das praktische Bedürfniß zeigt. Auch das Verlangen unsrer Handwerker Gewerbekammern nach Art der Handelskammern zu bilden, wird ja gern erfüllt werden können, wenn sie nur erst auf dem Wege der freien Vereinigung das Bedürfniß und die Kraft zu solchen Organisationen bewiesen haben. Die Gesetzgebung muß sich doch hüten Formen zu schaffen, welche später todt und unfruchtbar bleiben. Vielleicht sind und bleiben die Credit- Erwerbs- und Wirthschaftsgenossenschaften, deren Gründung der Ruhm von Schultze-Delitzsch ist, doch die einzigen Innungen der Zukunft.

Unser wirthschaftliches Programm kann nicht in der Erfindung neuer Recepte, sondern nur in der Durchführung der alten, seit einem halben Jahrhundert bewährten Grundsätze und in der sorgfältigen Beobachtung der praktischen Mängel und der dadurch bedingten Heilmittel bestehen. Ebenso können wir nicht der Calamität unsrer Industrie durch eine plötzliche Wandlung des seit 1818 befolgten Handelssystems steuern; sondern nur dahin wirken, daß bei dem Abschluß neuer Handelsverträge, die Bedingungen unseres Exports möglichst erleichtert und unsre Nachbarn zur loyalen Erfüllung der internationalen Zollverabredungen gebracht werden.

Die Deutsch-Conservativen hoffen aus der Strömung Nutzen zu ziehen, welche heute durch unser Volk geht. Aber diese Strömung zielt nicht auf die Bildung einer junkerlich-particularistischen, zu den Ultramontanen geneigten Partei. Die Autorität der Gesetze und der öffentlichen Ordnung wird heute mehr als früher betont, aber wie kann diese Autorität eine Stütze finden bei denen, welche mit einer Partei Verbindung suchen, die die Landesgesetze nur unter Vorbehalt für verbindlich hält? Die besitzenden Klassen fordern Schutzmittel zur Abwehr der socialistischen Demagogie; wie kann man diesen Schutz verstärken wenn man den städtischen und ländlichen Mittelstand aus einander reißt? In der Kräftigung der Reichsmacht, in dem Kampf gegen den Particularismus sieht jeder gute Deutsche die beste Gewähr für das Gedeihen der Nation; wie kann man in jenem Kampf als zuverlässigen Bundesgenossen eine Partei ansehen, die mit den Welfen und Particularisten aller Länder Fühlung hat? Wenn sie siegte, wenn ihre politischen Anschauungen, die südwärts vom Main schlechthin keinen Boden mehr haben, eine so starke Vertretung gewönnen, daß sie zusammen mit der Centrumspartei die Mehrheit ins Schwanken bringen könnte, so würde ein klaffender Riß zwischen Süd- und Norddeutschland die unausbleibliche Folge sein. In dem nächsten Wahlkampf handelt es sich um nichts Geringeres als um die Wahrung der Einheit des Reichs und die ununterbrochene Fortbildung seiner Institutionen, um die ungestörte Entwicklung unserer inneren preußischen Zustände, und um den Beweis, daß das deutsche und preußische Volk in der Schule der praktischen Politik zu sehr gereift ist, um sich wie ein schwankendes Rohr von künstlich erzeugten Strömungen hin und her bewegen zu lassen.

Inhalt.

		Seite
Einleitung		3
1.	Gesetzgebung in Folge des Krieges. Die Milliarden	7
	Anhang zu 1. Abrechnung über die Milliarden	13
2.	Militärwesen	19
3.	Elsaß-Lothringen	25
4.	Die Rechtseinheit. — Justizgesetze in Preußen	27
5.	Einheit im Münz- und Bankwesen	31
6.	Das Reichspreßgesetz und Anderes	36
7.	Zölle und Steuern	38
8.	Gesetz zum Schutze der Gewerbe und zur Förderung des Arbeiterstandes	46
9.	Eisenbahn- und Verkehrswesen	52
10.	Der Kulturkampf. Kirchenpolitische Gesetze im Reichstag und Landtag	59
11.	Die evangelische Kirchenverfassung	69
12.	Die Selbstverwaltung in Preußen. Kreis- und Provinzialordnung. Verwaltungsgerichte. Dotation der Provinzen	71
13.	Das Unterrichtswesen in Preußen	79
14.	Aus der letzten Reichstagssession. Invalidenfonds und Strafnovelle. Organisation der Reichsbehörden	85
15.	Die wirthschaftlich-politische Reaction. Schlußbetrachtung	91

FSC
www.fsc.org
MIX
Papier | Fördert gute Waldnutzung
FSC® C083411

Kolibri 360 GmbH
Ferdinand-Jühlke-Straße 7
99095 Erfurt, Deutschland
produktsicherheit@kolibri360.de